KB095109

안토니오 마리아 비아니, 「신들의 회의」, 17세기 초, 만토바, 팔라초 두칼레

조반니 안토니오 바노시노 다 바레제, 「살라 델 마파몬도(세계 지도의 방)의 볼트」, 1573,
카프라롤라, 팔라초 파르세네

파올로 베로네세, 「살라 델롤림포(올림포스의 방) 천장화」, 1559~1561, 마세르, 빌라 바르바로

파올로 베로네세, 「살라 델롤림포(올림포스의 방) 천장화」(부분), 1559~1561, 마세르, 빌라 바르바로

니콜라스 푸생, 「파르나소스」, 1630∼1631, 마드리드, 프라도 미술관

Greek Myth & Twelve Stars in my Heart

Keywords to understand human nature

Written by Lee Juhyang.

Published by Sallim Publishing, 2016.

그리스신화,
내 마음의
12별

그리스신화,
내마음의
12별

인간을
이해하기 위한
키워드 열둘

살림

| 차례 |

제1부
올림포스 1세대

제2부
올림포스 2세대

제3부
신의 아이 페르세우스

왜 그리스 신들이 마음의 별들인가

호메로스는 눈이 멀었다면서요? 바이런은 그를 눈먼 노인이라고 했습니다.

물론 호메로스를 실제 인물이 아니라고 하는 학자들도 있습니다. 그렇지만 바람이 그를 가난한 음유시인이라 전해주는 데는 이유가 있겠습니다. 길고도, 묵직한 이야기를 품은 대륙처럼 넓은 품, 그 품속 이야기를 풀어내는 음유시인이 장님이라는 것은 자연스러우니까요. 대륙이 전해주는 이야기에 집중하며 삶의 비밀을 들려주는 음유시인이 삶의 비밀을 엿본 대가로 신에게 눈을

렘브란트 판 레인, 「호메로스의 흉상을 어루만지는 아리스토텔레스」, 1653, 뉴욕, 메트로폴리탄 미술관

바친 것은 아닐까요?

실제로 북유럽의 제우스라 불리는 오딘도 지혜를 얻기 위해 미미르의 샘에 눈을 바쳤습니다. 델포이 신전의 사제 테이리시아스도 눈먼 장님이었구요. 그들은 눈이 있어도 보지 못하는 평범한 우리들의 뒤통수를 치며 심안으로만 보이는, 진짜 봐야 하는 것이 있음을 알려줍니다.

그래서 자신의 눈을 빼버린 오이디푸스가 영웅인가 봅니다. 오이디푸스는 스핑크스로부터 테베를 구하고, 인간 중의 가장 위대한 자가 되어 테베의 왕이 됩니다. 그러나 인간 중의 가장 위대한 자의 지혜도 그 자신을 구하지는 못했습니다. 세상의 비밀을 푼 오이디푸스의 지혜가 정작 자기 삶에 대해서는 맹목이었던 거지요.

오이디푸스의 위대성은 '참회'에 있습니다. 그는 남 탓하지 않습니다. 바로 자기를 보지 못한 자기 눈을 저주합니다. 눈멀어라, 눈멀어라! 그렇게 눈을 빼버리고는 방랑자의 길을 걷습니다. '나'를 보지 못하고 왕으로 사는 것보다 내가 버려진 곳에서 다시 시작하는 거지요. 스스로 맹인 방랑자로 사는 초라한 삶을 선택한 오이디푸스를 통해 심안으로 보면 가진 것을 다 내놓는다 해도 아

안토니 브로도프스키, 「눈먼 오이디푸스와 안티고네」, 1828, 바르샤바, 바르샤바 국립 미술관

깝지 않는 세계가 있음을 배우게 됩니다.

그리스는 묘한 매력이 있습니다. 나를 긍정하는 매력, 비극의 매력, 자유의 매력! 내게 그리스는 자유고, 비극이고, 그리고 "너 자신을 알라"입니다.

'나'를 알아가는 대가로 모든 것을 내준다 해도 운명은 결코 내가 내준 그 대단한 것을 아깝다 하지 않습니다. 그만큼 '나'는 위대한 존재입니다. 그리스는 지상에서 우리가 일궈내야 할 과제는 그 누구도 아닌 '나' 자신이 되는 것이라고, 그것이 자유라고 말하는 것 같습니다. 가혹한 운명으로 삶이 산산조각나도 괜찮습니다. 산산조각난 삶을 긍정하며 삶의 잔해 속에서 드러나는 진실을 감당할 수 있다면 말입니다.

젊은 날 기독교에 경도되었을 때 나는 왜 르네상스가 그리스 정신을 부활하고자 했는지, 왜 이탈리아가 그리스 정신에 그렇게 열광했는지 마음으로는 이해할 수 없었습니다. 바람둥이 제우스, 질투쟁이 헤라, 심술쟁이 포세이돈, 조카를 납치해 답답한 지옥 한가운데에 가둬놓고 아내를 삼은 미친놈 하데스, 태어나자마자 한 일이 도둑질인 헤르메스, 자기보다 아름다운 존재를 인정하지 않는 나르시시스트 아프로디테, 별 잘못도 아닌데 오만하다며 잔인하게 인간을 죽이는 아폴론과 아르테미스……. 사랑의 욕망을 절제하는 법 없이 욕망을 풀어내고, 대결하고, 질투하고, 속이고, 배신하고, 응징하고, 음모를 꾸미는 그런 신들은 인간보다 못했습니다.

그런데 나이가 들고 신앙의 경직성이 풀리니 내 마음속에서 올림포스의 신들이 보였습니다. 신적인 능력과 신비뿐 아니라 욕망과 질투, 분노와 고통이 범벅이 되어 빚어내는 이야기들이 어느 날 마음속으로 쑤욱 흘러들어오니 그런 치열한 삶의 이야기를 만들어내는 심연이 내 안에, 우리 안에도 있었음을 알겠습니다. 올림포스의 신들은 내 안에, 우리 안에 존재하는 성격의 유형이고 신성의 길이었습니다.

우리 안의 다양한 성향과 성격을 표상하는 열두 신을 살펴보면 재미있습니다. 일단 12라는 숫자는 완전수지요? 1년은 열두 달이고, 오전 오후는 각각 열두 시간입니다. 유대교에는 열두 지파가 있고, 예수에게도 열두 제자가 있습니다. 헤라클레스도 열두 모험을 하고, 우리에게도 12간지가 있습니다. 12라는 숫자는 그렇게 완전성을 뜻하는 보편적 상징입니다.

하늘의 신 제우스는 자기 힘으로 자신의 하늘을 연 권력의 표상입니다. 제우스와 함께 전쟁을 치르고 나서 육지를 내주고 바다의 지배권을 나눠 가진 포세이돈은 무의식과 감성의 표상이겠습니다. 힘을 좋아하고 힘을 지향하는 힘센 남자가 제우스를 넘어서지 못해 하늘의 지배권을 만져보지 못했으니 그 거침없는 생명력이 누구를 치고 때리고 파괴하겠습니까? 포세이돈은 자기 상처를 어쩌지 못해 그 때문에 감성으로 변한, 힘센 남자의 표상입니다.

결혼의 여신 헤라는 가부장 사회에서 힘이 있는 남편에 기대 남편의 권력을 나눠 쓰는 아내의 표상이겠습니다. 그 점에서 그녀는 엄마의 표상인 데메테르와 구별됩니다. 아이를 위해서는 지옥 끝까지 가는 엄마, 아내로 사는 것은 포기해도 엄마로서 사는 것은 포기 못 하는 모성의 여인, 그가 데메테르입니다. 반면 남편이나 자식과의 관계 이전에 혼자만의 시간을 가져야 하는 여인이 있습니다. 불의 여신 헤스티아입니다. 존재감이 없어도 문제되지 않을 만큼 자존감이 충만한 그녀는 고독의 표상입니다.

죄의식이 없는 욕망으로 빛나는 아프로디테는 욕망의 표상입니다. 그녀의 욕망은 아테나의 이성을 삼키고, 헤라의 권력을 삼키는데, 당연히 그녀 곁에는 언제나 불화가 있고 전쟁이 있습니다.

올림포스에는 제우스의 자식들이 살고 있지요? 제우스의 허벅지에서 태어난 아들 디오니소스가 격정과 도취를 사랑하는 광기의 신이라면 제우스의 머리에서 무장한 채 태어난 딸 아테나는 전략을 짜고 목표를 이루는 지혜의 여신입니다. 아버지의 지지를 받으며 논리를 만들고 뛰고 싸우는 아테나는 앞서 나가는 일에, 칭찬받는 일에 익숙한 아버지의 딸, 남자 같은 여자입니다.

남자 같은 여자가 또 있습니다. 달의 여신 아르테미스! 아버지의 사랑을 받는 딸로써 아르테미스는 자신감이 있습니다. 그러나 그녀의 자신감은 아테나의 자신감과는 다릅니다. 아테나의 자신감이 가부장적인 도시에서 왔다면 아르테미스의 자신감은 자연에서 왔습니다. 숲에서 사냥을 하는 그녀는 명사수이기도 합니다. 그녀의 화살은 살생을 일삼는 화살이 아니라 무엇을 맞히고 무엇을 보호해야 하는지를 아는 직관의 활입니다. 그녀는 직관의 표상입니다.

대장장이의 신 헤파이스토스는 강한 아버지에게 인정받지 못한 아들의 분노를 표상하는 것이겠습니다. 성공한 아버지의 기대에 미치지 못해 질식할 것 같은 아들이 내향적일 때는 헤파이스토스처럼 움츠러들고 외향적일 때는 아레스처럼 세상을 전쟁터로 만듭니다.

태양마차를 모는 아폴론은 아버지의 기대에 부응하여 성장한 오만한 지혜의 상징이겠습니다. 생을 도둑질로 시작한 교활한 신 헤르메스는 이 세상의 질서를 옹호하거나 질서에 위배될까 전전 긍긍하는 신이 아닙니다. 숙제를 놀이처럼 즐기는 그는 자유의 표상입니다.

실제로는 열두 신이 아니라 열세 신입니다. 고독의 표상 헤스티아까지 말입니다. 존재감이 없었던 그녀는 제우스의 아들 디오니소스에게 아예 자리를 내주며 사라져버렸지만 나는 존재감이 없어도 될 만큼 자존감이 있었던 그녀를 좋아합니다.

그리고 또 한 존재, 하데스가 있습니다. 그는 삶의 영역인 올림포스보다 죽음의 영역인 지하세계, 하데스를 관장해야 했기에 올림포스에 이름을 올리지 않은 올림포스의 그림자입니다. 제우스의 그림자라 해도 좋을 그를 빼놓고 어찌 신들의 이야기를 인간들의 이야기라 선언할 수 있을까요? 침묵하는 하데스를 두려워하지 않을 수 있어야 그리스가 낳은 현대의 자유인 카잔차키스의 묘비를 가슴에 새기게 될 것입니다. "아무것도 바라지 않는다. 아무것도 두렵지 않다. 나는 자유다."

여전히 내게는 중세도 중요합니다. 프란체스코를 좋아하고 에카르트를 좋아하고 베네딕토를 좋아하는 나는 어쨌든 그들을 낳은 중세의 하늘이 그렇게 간단하지 않다는 것을 압니다. 나는 '나'를 온전히 받아주는 절대적 존재에 대한 믿음이, 어떠한 상황에서도 '나'를 포기하지 않고 '나'를 믿는 자존감에 얼마나 깊은 뿌리일 수 있는지 압니다. 유일신 하나님 앞에 단독자로 서는 것이 '나'의 고유성을 발견케 한다는 것도.

그러나 그럼에도 불구하고 선택을 해야 한다면 마녀 사냥을 통해 유지되는 신적 질서와 도달할 수 없는 신성으로 우리를 끊임없이 죄인으로 규정하는 중세의 신보다는 권력에 대한 의지를 부끄러워하지 않으며, 대결하고 전쟁하고 묵살하는 그리스 신들이 좋습니다. 사랑의 핵은 욕망이라며 갈망하고 변신하고 거짓말하고 배신하는 그들은 너 자신이 되기까지는 뭐든 해봐도 좋다고 이야기해주는 것 같습니다.

물질문명의 정점을 경험하고 있는 현대인들은 끊임없이 탐욕을 내고 욕심 부린 것을 지키려다 경쟁의 굴레에서 벗어나지 못해 아레스처럼 화가 나 있고, 헤파이스토스처럼 움츠러들어 있습니다. 불안에, 두려움에, 질투에, 분노에 시달리느라 철이 들수록 작아지는 우리의 죄는 포세이돈의 바다가 우리를 낳았다는 사실을 망각하고 있는 것입니다.

아프로디테의 바다가 우리의 고향입니다. 헤파이스토스처럼 자기만의 대장간을 갖고, 헤스티아처럼 자기만의 불꽃을 피워내고 싶지 않으십니까? 아폴론처럼, 아테나처럼 지혜롭고 헤르메스처럼 자유롭고 싶지 않습니까? 아르테미스와 함께 숲에서 춤을 추고 싶지 않으십니까?

제우스처럼 투쟁하고 아프로디테처럼 사랑하십시오.

데메테르처럼 갈망하고 디오니소스처럼 방랑하고,

헤스티아처럼 정화의 시간을 가지시길!

2016년 10월

이주향

제1부

올림포스 1세대

나는 누구인가? 내 마음의 원형이 되는 신은 누구인가?
나는 어떤 신의 지배를 받고 있을까?
나를 힘들게 하는 저이는 어떤 신의 지배를 받고 있어서
나와 갈등하는가? 우리의 원형이랄 수 있는
올림포스 12신의 모습과 성격을 통해 내 속의 이름을,
그리고 나와 갈등하는 그 사람의 이름을 찾아 이해해보자.

헤스티아

내향적 여인

신화가 허구이던 때가 있고, 시절이 있습니다. 80년대 대학가가 그랬습니다. 교수나 친구가 "그건 신화야"라고 말하면 그 문제에 대해서는 더 이상의 토론이 불가능했습니다. 철저하게 과학의 영향을 받은 언어철학·분석철학·심리철학은 신화를 먼먼 옛날, 아무것도 모르던 시절의 무지한 세계관쯤으로 치부하고 무시했습니다.

하긴 20세기 전반 최고의 분석철학자 러셀의 꿈이 애매모호한

* 헤스티아(Hestia. 로마명·영어명: 베스타Vesta): '난로·불의 여신'. '시간의 신' 크로노스(Cronos)와 '대지의 신' 레아의 딸로, 처녀신이다. 가정생활과 행복을 관장한다.

장 라우, 「베스타(헤스티아) 신전의 여사제들(고전적인 처녀들)」, 1727, 릴, 릴 미술관

'나'를 힘들게 하고 아프게 했던 격정들로 삶이
춤을 추는 한 우리는 언제나 허기에 시달립니다.
아시지요? 사랑을 받으려고만 하는 욕망은
결코 채워지지 않는다는 것을.
헤스티아는 아버지가 제일 먼저 삼켜 제일 오랫동안
아버지 배 속에 갇혀 있었던 딸이라고 했지요?
아버지에게 사랑받고 싶었으나 아버지에게 짓눌린 딸은
불의 정화를 통해 아버지를 충분히 이해하고 나서야
가까운 이의 따뜻한 누이가 되었을 것입니다.

일상언어를 참 거짓이 분명한 이성언어, 수학언어로 바꾸는 것이었으니 말하면 무엇하겠습니까? 러셀을 이으며 새로운 전통을 만든 비트겐슈타인은 "말할 수 없는 것에는 침묵해야 한다"며 말할 수 없는 영역이 있다는 것을 암시했습니다. 그 명제로서 그는 신화의 영역, 종교의 영역을 무시하지 않고 존중했지만 그 존중은 침묵 속에 봉인된 것이었을 뿐 현실로 걸어 나와서는 안 되는 것이었습니다.

우리나라에서 신화가 단순히 허구가 아니라 의미 있는 세계관이라는 사실을 일깨운 이는 고(故) 이윤기 선생이었습니다. 덕분에 우리 뒷세대들은 어린 시절부터 그리스 로마 신화를 배우며 성장했습니다. 이제 우리는 그 의미를 파악하고 있지 못해도 신화가 단순한 허구는 아니라는 사실에는 모두 공감하게 되었습니다.

근 20년간 융과 니체에 빠져 살면서 나는 신화가 우리의 탯줄이라는 생각을 합니다. 신화는 미신이 아니라 생각의 뿌리이며, 허구가 아니라 인식의 기원입니다. 거기엔 삶 자체를 어떻게 받아들여야 할 것인가, 하는 문제에 대한 원형적 시각이 들어 있습니다. 신화는 고해 같은 바다를 항해하느라 정신 놓고 사는 우리의 북극성이며, 길 위에서 길을 잃고 혼돈 속을 헤매는 우리에게 길을 알려주는 나침반입니다.

몇 달 전 나는 한 꿈을 꾸었습니다. 화덕 앞의 여인, 그녀가 헤스티아라고 합니다. 그때 누군가의 목소리가 들렸습니다. 나를 만나는 시간은 헤스티아의 시간이라고. 헤스티아에게서 답을 찾으라고. 그때까지 나는 헤스티아에 별 관심이 없었습니다. 왜냐하면 내가 아는 올림포스 열두 신에 그녀가 없었기 때문입니다.

헤스티아는 존재감이 없는 여신입니다. 올림포스 열두 신 중에 그녀만큼 존재감이 없는 신도 없을 것입니다. 나중에는 제우스의 아들 디오니소스에게 아예 자리를 내주며 사라져버린 존재이니까요.

그녀는 트로이 전쟁으로 신들이 편을 갈라 치열하게 싸우며 분주했을 때도 어느 편에도 서지 않고 혼자 남아 불을 지키고 있던 불의 여신입니다. 바다의 신 포세이돈도 그녀를 좋아했고, 태양의 신 아폴론도 그녀를 좋아했지만 그녀는 그들과 삶이 얽히는 것을 좋아하지 않아 끝내 혼자였습니다. 아폴론의 지성으로도, 포세이돈의 감성으로도 유혹할 수 없는 어떤 것이 그녀 속에 있었나봅니다.

많은 화가들이 올림포스의 신들을 그렸으나 헤스티아를 그린

화가는 거의 없었습니다. 그 정도로 그녀는 존재감이 없습니다. 존재감이 없어도 문제되지 않을 만큼 자존감이 충만한 모양이지요? 그나저나 그 자존감은 어디서 생긴 걸까요?

그녀가 가장 소중히 여기는 것은 불입니다. 불은 마음의 심지일 것입니다. 타닥타닥 타오르는 불꽃에 시선을 두고 시선을 안으로, 내면으로 거둬들이는 시간, 그 시간이 그녀의 자존감이 생기는 시간일 것입니다.

직접 헤스티아 형상을 그린 것은 아니지만 내가 헤스티아라 느끼는 그림이 있습니다. 바로 저 그림, 라 투르의 「등불 아래 참회하는 막달레나」입니다. 그 그림 속 막달레나는 기독교판 헤스티아입니다. 그녀는 혼자만의 방에서 촛불을 응시하고 있습니다. 촛불은 기도이고, 정화입니다. 시선을 안으로 거두며 성찰하는 시간으로 인해 그녀가 자기 안의 두려움을 극복하고 있다는 것을 보여주는 것이 오른손일 것입니다. 해골 위의 오른손이 편안하지요?

헤스티아는 제우스의 누이입니다. 그녀는 아버지 크로노스가 제일 먼저 삼킨 딸이고, 제일 나중에 토해낸 딸입니다. 당연히 그녀는 아버지의 딸입니다. 아버지를 사랑하는 딸이고, 아버지에게 사랑받고 싶었던 딸입니다. 그만큼 상처받은 딸이고 그만큼 아버

조르주 드 라 투르, 「등불 아래 참회하는 막달레나」, 1644년경, 뉴욕, 메트로폴리탄 미술관

지를 아는 딸이기도 합니다. 아마도 그녀가 남자와 살지 않는 건 바로 이 아버지 콤플렉스에 기인한 것이 아닐까 합니다.

콤플렉스가 뭐지요? 콤플렉스는 단순한 열등감이나 단점이 아닙니다. 융 심리분석가인 데릴 샤프에 따르면 콤플렉스란 어머니, 아버지와 같은 특정한 이미지에 달라붙어 있는 감정과 생각입니다. 그 콤플렉스는 내 무의식으로 들어가는 문이기도 합니다. 당신의 무의식 속에는 무엇이 살고 있는지요? 무엇이 살아서 당신의 삶의 무늬를 만들고 있나요? 당신의 드라마라 이야기해도 좋을, 당신만의 삶의 무늬를 만들어내는 틀, 그것이 바로 콤플렉스입니다.

의지와 상관없이 격렬한 사랑에 빠지고 나서 치명적으로 상처받은 적이 없으십니까? 갑자기 올라오는 화를 주체할 수 없어 주변을 불바다로 만들어놓고 후회한 적이 없으십니까? 마음의 중심에 불안을 모셔놓고 인생은 원래 불안한 거라며, 하이데거도 그랬다며 실체 없는 불안에 자신을 떠넘기고 있지는 않으십니까? 당신 속에 사는 당신의 콤플렉스가 당신으로 하여금 격정의 춤을 추게 하고 있는 것입니다.

'나'를 힘들게 하고 아프게 했던 격정들이 있습니다. 사랑의 집착이거나, 질투가 만들어내는 분노이거나, 기대가 만들어내는 원

프란시스코 고야, 「사투르누스」, 1820~1824년경, 마드리드, 프라도 미술관

망이거나, 우울이 만들어내는 억압이거나! 그런 부정적인 정서가 만들어내는 격한 삶의 춤을 추는 한 우리는 언제나 허기에 시달립니다. 아시지요? 사랑을 받으려고만 하는 욕망은 결코 채워지지 않는다는 것을.

헤스티아는 아버지의 배 속에 오랫동안 갇혀 있던 딸이라고 했지요? 아버지에게 사랑받고 싶었으나 아버지에게 짓눌린 딸은 불의 정화를 통해 아버지를 충분히 이해하고 나서야 가까운 이의 따뜻한 누이가 되었을 것입니다. 그녀는 겨울날 집안을 살리는 화덕 같은 누이입니다. 아버지가 딸을 사랑하지 않은 것이 아니라 실은 삶에 대한 두려움 때문에 자식을 가둔 것이라고. 그렇게 아버지를 이해하기까지 그녀에겐 얼마나 많은 시간이 필요했을까요? '나'를 만나는 그 시간을 거치고 나서 그녀는 비로소 사랑받으려는 집착에서 벗어났겠지요.

채워지지 않는 허기와 가시지 않는 갈등이 실은 내 콤플렉스가 만들어내는 환상임을 알게 되는 날, 집착 없이 사랑할 수 있습니다. 그러면 이문세가 부르는 「옛사랑」의 노랫말처럼 그리운 것은 그리운 대로 내 맘에 두고 생각이 나면 생각난 대로 내버려둘 수 있지 않겠습니까.

제우스

성공신화를 일군 남자의 자신감

직업이, 직위 또는 지위가 곧 남성적인 매력이라고 믿는 남자들은
매력이 없습니다. 그의 지위가 아무리 높다 해도, 그가 상대하는
여자들이 아무리 많다 해도 그는 제우스가 아닙니다.

제우스, 하늘의 신입니다. 당연히 힘이 세고, 지위가 높은 남자
들 속에서 활성화되고 있는 신입니다. 그러나 단지 지위가 높다고
해서 제우스인 것은 아닙니다. 제우스의 매력은 변신에 있습니다.

* 제우스Zeus(로마명: 유피테르Jupiter; 영어명: 주피터Jupiter): '하늘의 신'이자 그리스 신 가운
데 최고의 신. 천지의 모든 현상을 주재하고, 인간사회의 정치·법률·도덕을 지킨다.

라파엘로 산치오, 「신들의 회의」, 1515~1517, 로마, 빌라 파르네시나

넘치는 생명력이 권력의지로 변신한 자,
그가 제우스입니다.
제우스에게는 사랑에 대한 의지와 권력에 대한
의지의 모양이 같습니다. 그러니 왜냐고, 왜 그렇게
높은 곳까지 오르려느냐고 물을 수 없겠습니다.
지배하려는 욕망이, 그 맹목적인 욕망이
그를 최고의 자리로 올려놓았습니다.

구스타프 클림트, 「다나에」, 1907~1908, 개인 소장

연애를 할 때 그는 거침없이 자기를 던집니다. 온전히 자기를 던지는 그는 썸 타는 법이 없습니다. 신분도, 윤리도, 생각도, 약속도, 내일도 마침내 '자기'까지도 끼어들 여지 없이 그는 맹목적 의지에 자신을 맡기며 거침없이 최적의 상태로 변신합니다. 강으로 흐르고 싶은 구름이 비로 변신하듯 자연스럽게, 그는 하늘의 신의 보좌에서 내려와, 뻐꾸기가 되고 황소가 되고 백조가 되고 황금비가 됩니다.

아버지가 연애하지 못하도록 탑에 가둔 딸, 다나에입니다. 그녀에 대한 열망으로 제우스는 황금비가 되어 탑 속으로 들어갔습니다. 청동탑에 갇혀 있는 여인에게까지 비가 되어 온몸으로 스밀 줄 아는 그를, 온전하게, 한 맘으로 거침없이 자연스럽게 연애를 할 줄 아는 그를 누가 피해 갈 수 있겠습니까?

『레드북』(Red Book)에서 융이 말했습니다.

"의지는 맹목을 낳고 맹목은 그 길로 이끈다."

딱, 제우스에게 어울리는 명제입니다. 왜냐고, 왜 그렇게 책임질 수도 없는 연애에 빠지느냐고 물어본들 뭐하겠습니까? 맹목적인 욕망이 낸 길인 것을.

그 넘치는 생명력이 권력의지로 변신한 자, 그가 제우스입니다.

제우스에게는 사랑에의 의지와 권력에의 의지의 모양이 같습니다. 그러니 왜냐고, 왜 그렇게 높은 곳까지 오르려느냐고 물을 수 없겠습니다. 지배하려는 욕망이, 그 맹목적인 욕망이 그를 최고의 자리로 올려놓았습니다.

제우스의 신조(神鳥)는 독수리지요? 제우스는 독수리입니다. 멀리서 목표물을 정확히 포착한 후에 잽싸게 달려들어 목표물을 거두는 하늘의 새, 그가 바로 독수리입니다. 의지가 생기면 한순간도 목표를 잊지 않고 목표를 정확히 조준하는 능력, 으레 마주하게 되어 있는 장애를 두려워하지 않고 온몸을 던지는 원시적 투지, 제우스의 힘입니다.

힘이 곧 정의인 그는 자기 영역을 침해하는 자를 두고 보지 않습니다. 벼락을 내려 보복하지요. 데메테르의 연인 이아시온은 데메테르와 동침했다는 사실 때문에 제우스의 벼락을 맞아 죽습니다. 힘을 가진 자, 자기와 닮은 자를 두고 보지 않는 모양입니다.

그런데 이상하지 않으세요? 자기 마음에 들지 않는 사람에게 냉혹하고 자기 영역을 침해하는 자에게 가차 없는 제우스가 도대체 왜 헤라와의 관계는 청산하지 못하고 그리 집착하는 걸까요? 그가 연애하는 여인마다 해코지를 넘어 목숨을 빼앗기도 하는

장 오귀스트 도미니크 앵그르, 「제우스와 테디스」, 1811, 엑상프로방스, 그라네 미술관

헤라를 그는 왜 두고 보는 걸까요?

여러 명의 여인과 바람을 피우면서도 헤라와의 관계를 '잘' 유지하는 건 제우스의 불안심리일 것입니다. 조강지처는 버리지 않는다고 말하며 마치 특혜를 인정하는 듯하는 남자들의 심리 속에는 안전과 안정에 대한 욕구가 있는 거지요? 거기서 더 이상 서로를 사랑하지도 않고 믿지도 않는데 헤어질 수도 없게 만드는 공생관계가 만들어집니다. 새로운 사랑을 향해 불나비처럼 달려들 수 있는 이유는 어쩌면 이 병적인 기반이 제공해주는 '안정' 때문이겠습니다.

그리고 보면 함께 살게 만드는 힘은 사랑이나 신뢰뿐이 아닌가 봅니다. 미련과 집착일 수도 있고, 두려움일 수도 있고, 관성일 수도 있고, 분노나 복수하고 싶은 마음일 수도 있습니다.

제우스는 아내의 눈을 피해 몰래 바람을 피우면서도 아내를 바꿀 생각도, 또 아내 없는 인생을 살 생각도 없습니다. 헤라는 남편이 늘 딴 데를 쳐다본다는 사실 때문에 비참했겠지만 그렇고 남편 없는 인생을 살 수 있을 정도로 당당하지 못했습니다. 그래서 당당하게 남편의 여인들을 괴롭힙니다. 그런 점에서 제우스는 가부장제의 신이고, 가부장제 아래서 제우스와 헤라는 찰떡

안토니 반 다이크, 「주피터와 안티오페」, 1630년경, 쾰른, 발라프-리하르츠 박물관

궁합입니다.

제우스는 가부장제하에서 하늘의 신입니다. 가부장제가 무너
진다는 것은 제우스의 하늘이 무너진다는 거고, 제우스가 쫓겨
나간다는 것입니다. 가부장제의 신 제우스가 활성화되지 않으면
새로운 세상을 건설하기 힘듭니다.

그러나 계속 제우스가 설치는 세상에서는 많은 사람들이 가위

레오나르도 다 빈치, 「레다와 백조」, 1505~1507년경, 피렌체, 우피치 박물관

눌릴 수밖에 없습니다. 어쨌든 그는 독재자니까요. 당신이 제우스라면 평화의 시대를 살기 위해서는 당신 혼자가 아니라 100개의 팔의 도움으로 티탄 족을 물리쳤다는 사실을 잊지 말아야 합니다. 평화로운 세상이 요구하는 건 힘대로 맘대로 하는 유능한 한 명의 독재자가 아니라, 힘과 마음을 조율할 줄 아는 100명의 난쟁이들이 아닐까요?

헤라

아내라는 이름의 권리 혹은 권력

남편은 아내의 울타리고, 아내는 남편의 울타리입니다. 아내를 보면 남편의 여성성이 보이고, 남편을 보면 아내의 남성성이 보입니다. 아내에게서 남편이 보이지 않고 남편에게서 아내가 보이지 않는다면 부부관계가 이상한 겁니다. 서로가 서로를 무시하거나 서로를 버린 거지요.

제우스와 헤라, 이상한 커플입니다. 왜 헤라는 제우스의 바람기

• 헤라Hera(로마명: 유노Juno; 영어명: 주노Juno): '결혼의 신'. 제우스의 아내로, 결혼과 출산을 관장하는 가정생활의 수호신이다.

때문에 시커멓게 속을 썩으면서도 제우스를 떠나지 못하는 걸까요? 헤라는 누구보다도 가부장적 틀에 길들여진 여인이기 때문입니다.

이제 우리 사회도 곳곳에서 가부장적인 틀을 많이 벗어버렸지만 여전히 그 틀이 강력하게 작동되는 곳들이 있습니다. 그중의 한 곳이 재벌일 것입니다. 힘과 권력을 가진 한 사람이 모든 것을 결정하는 구조, 그 구조 속에서 그는 선악의 규정을 받지 않습니다. 그가 선악을 결정하기 때문입니다. 그 구조는 하늘의 지배권을 가진 제우스를 떠올립니다. 그렇게 바람을 피워대도 제우스가 무너지지 않는 이유, 그것은 그가 힘과 권력을 가지고 있기 때문이지요?

가부장 사회에서 힘이 있는 남편의 바람기는 골칫거리였습니다. 제우스 같은 남편이 바람이 나 바깥으로 나돌 때 여인들이 취하는 전략을 보면 그 여인의 내면에 어떤 여신이 살고 있는지 알 수 있습니다. 내 친구는 남편이 바람이 난 사실을 안 그날, 아이만 챙기고 집에서 남편을 내보냈습니다. 그 친구의 마음속엔 대지의 여신 데메테르가 살고 있는 것입니다. 아이를 위해서는 지옥 끝까지 가는 엄마, 아내로 사는 것은 포기해도 엄마로서 사는 헤라는 연애의 조건으로 '결혼'을 내걸었습니다.
정돈된 삶을 살고 싶어 했던 그녀답지 않습니까?
그녀가 원하는 것은 열정이 아니라 권리입니다.
아프로디테가 자기 열정에 충실한 여신이라면
헤라는 자기 권리에 충실한 여신인 거지요.

틴토레토, 「은하수의 기원」(부분), 1575년경, 런던, 국립 미술관

것은 포기하지 못하는 모성의 여인인 거지요. 반면 남편도, 자식도, 그 여인도 문제 삼지 않고 모든 것을 떨치고 혼자만의 시간을 가져야 하는 여인이 있습니다. 내면에 불의 여신 헤스티아가 살고 있는 여인입니다.

헤라는 어떨까요? 헤라는 결혼의 여신입니다. 그녀는 가부장적 사회에서 조강지처의 상징입니다. 조강지처의 상징답게 헤라는 위풍당당합니다. 렘브란트가 그린 '헤라'를 보십시오. 헤라를 정말 위풍당당하게 그렸지요? 그런데 렘브란트가 그 그림을 그린 맥락을 알고 보면 짠합니다.

렘브란트는 부유한 아내 사스키아의 죽음으로 많은 유산을 받았습니다. 그런데 그 유산에는 단서조항이 있었습니다. 렘브란트가 재혼할 경우에는 더 이상 유산을 사용할 수 없고 유산을 아들에게 넘겨야 한다는 것이었습니다.

돈 쓰는 것을 좋아하고 돈 없이 사는 법에 익숙하지 않은 렘브란트는 사랑하는 여인 헨드리케가 있었으나 정식으로 결혼할 수는 없었습니다. 함께 사는 일이 죄가 되어버린 거지요. 그녀는 결국 17세기 무시무시했던 교회법에 의해 '간통'으로 규정되어 사회적으로 매장당했습니다.

페터 파울 루벤스, 「헤라와 아르고스」, 1610~1611, 쾰른, 발라프−리하르츠 미술관

자존심까지 난도질당하며 렘브란트 곁에서 죽어간 헨드리케를
보며 렘브란트는 현실에서는 해줄 수 없었던 일을 해주었습니다.
바로 그녀를 결혼의 여신으로 승격시킨 것입니다. 헤라의 얼굴에
이미 세상을 뜬 그녀의 얼굴을 입힌 거지요. 웃고 있어도 눈물이
나지 않습니까?

렘브란트 판 레인, 「헤라」, 1662~1665, 로스앤젤레스, 해머 미술관

그나저나 바람둥이 제우스는 왜 헤라와 '결혼'이란 것을 했을까요? 결혼의 룰을 지키지도 않고 지킬 마음도 없었으면서 말입니다. 그의 여성편력상 차라리 독신이면 좋지 않았겠습니까? 제우스가 다른 여인에게 그랬던 것처럼 헤라의 매력에 빠져 정신없이 연애하자고 달려들었을 때, 그때 헤라는 연애의 조건으로 '결혼'을 내걸었습니다. 정돈된 삶을 살고 싶어 했던 그녀답지 않습니까? 그녀가 원하는 것은 열정이 아니라 권리입니다. 아프로디테가 자기 열정에 충실한 여신이라면 헤라는 자기 권리에 충실한 여신인 거지요.

헤라의 가장 큰 특징은 자식보다도 '남편'이라는 것입니다. 남편과의 관계가 잘 풀리면 헤라 여인은 너그럽습니다. 그러나 삶은 늘 꿈을 배반하는 것이어서 아시다시피 헤라는 결혼으로도 정돈된 삶을 얻지 못합니다. 남편이 그녀를 옆에 둔 채 이 여자, 저 여자에게 들이대니까요. 그때마다 헤라가 자기 권리로 할 수 있는 일은 분노를 뿜어내는 일입니다.

그런데 헤라의 분노는 왜 마음을 잡지 못하는 남편 제우스에게 직접적으로 향하지를 않을까요? 이상하지 않나요? 바람은 남편이 피웠는데 왜 헤라는 제우스를 잡지 않고 제우스의 여인들을,

제우스의 자식들을 잡으려고만 할까요? 이것이 헤라입니다. 헤라에게 죄인은 남편이 아니라 남편의 여인들이고 그녀들이 낳으려고 하는 남편의 아이들이어서, 헤라는 이들을 응징합니다. 권력을 좋아하고 위계질서를 좋아하는 헤라는 권력이 나오는 원천인 남편은 포기하지 않습니다.

남편과의 관계가 삐걱거릴 때 내가 심통을 부리고 싶은 상대가 남편이 아니라 남편의 주변이라면 내 속에서 헤라가 놀고 있는 겁니다. 그때 헤라를 제대로 달래주지 않으면 너그러움을 잃고 유연성을 잃어버린 헤라가 우리의 삶을 뻣뻣하고 경직되게 만들어버릴 것입니다.

데메테르

엄마의 집착

어느 날 갑자기 기습적으로 닥쳐온 불행의 그림자를 뒤집어써본 일이 있나요? 이혼을 했든지, 파산을 했든지, 감옥에 들어가 앉게 됐든지, 원치 않는 이별을 했든지, 소중한 것을 잃고 아무것도 걸치지 않은 채 광장에 서 있는 기분, 아파서 너무 아파서 어찌해볼 수 없는 상실의 하데스에 우울하게 갇혀 있다보면 하데스의 로마 표기가 왜 플루톤(Pluton)인지 알게 됩니다.

* 데메테르Demeter(로마명: 케레스Ceres; 영어명: 세레스Ceres): '대지의 여신'. 크로노스의 딸로, 곡물의 성장과 농업기술을 관장한다.

플루톤, '풍요를 가져다주는 자'란 뜻입니다. 하데스의 로마식 표기 '플루톤'은 단순히 죽음과 상실에 대한 혐오를 감추기 위한 이름이 아닐 겁니다. 모두에게 버려진 채, 희망도 기대도 사랑도 마침내 좌절까지도 내려놓게 되면, 의외로 그 세계가 새로운 시작을 잉태한 어둠이었다고 고백하는 시간이 옵니다. 왜 오디세우스가 집으로 돌아가기 위해 하데스를 찾고, 프시케의 마지막 과제가 하데스로 내려가 페르세포네의 상자를 가지고 오는 것이었는지 어렴풋 잡히는 것이 있습니다. 그 세계는 모든 모험의 마지막 통과의례, 모험의 완성입니다.

누구나 일생에 한번은 지옥의 하데스를 겪어내야 합니다. 하지만 만만치 않은 그곳에 내 딸이 갇혀 있다면 문제는 다릅니다. 찾게 되지요, 그리고 찾아야지요. 더구나 엄마의 이데아 데메테르라면!

지옥의 왕 하데스의 납치로 페르세포네가 하데스의 아내가 됐을 때, 어머니 데메테르는 딸을 찾아 미친 듯이 세상을 떠돕니다. 9일 밤 9일 낮을 헤맸다고 합니다. 9라는 것은 10진법에서 제일 큰 수입니다. 9일 동안만 찾았다는 뜻이 아니라 먹지도 않고 자지도 않고 세상 끝까지 목숨을 걸고 딸을 찾아다녔다는 뜻이겠습

아브라함 얀센스, 「데메테르, 디오니소스, 아프로디테」, 1601년 이후, 시비우, 브루켄탈 국립 미술관

아담 엘스하이머, 「데메테르와 스텔리온(헤쿠바의 집에 있는 케레스)」, 1605, 마드리드, 프라도 미술관

데메테르는 어머니 원형입니다.
자식이 곁에 있어야 따뜻해지고 화기가 도는 여자,
남편의 일에 덤덤하고 자신의 일에는 울지 않아도
자식의 일이라면 세상 끝까지 가는 어머니.
자식 때문에 겪는 고통이라면
기꺼이 고통까지 감내해내는 어머니의 이데아,
그녀가 데메테르입니다.

니다.

자식을 찾지 못해 속이 탄 데메테르가 한 일이 무엇이었는지 아십니까? 그녀는 엘리우시스의 왕자 데모폰의 유모가 됩니다. 그녀는 데모폰에게 신의 양식을 먹이며 자식처럼 아끼고 보살핍니다. 그녀에게 데모폰은 남의 자식이 아니라 자기 아이였던 거지요? 자기 아이를 사랑했던 힘으로 다른 아이를 사랑하고 보살피는 어머니에게는 희망이 있습니다.

어쨌든 딸을 찾지 못한 데메테르의 안타까움과 분노는 만만치 않아 대지에서는 풀 한 포기 자라지 않습니다. 곡식의 신이 뜨거운 분노로 자기를 태우며 세상을 태우고 있으니 쩍쩍 갈라진 땅엔 가뭄이 들고 사람들은 굶어 죽어가는 거지요. 하늘을 찌르는 데메테르의 분노는, 드디어 아이를 낳은 이후에는 찾은 일이 없었던 남편 제우스에게로 향합니다. 우리 딸을 찾아달라고.

그녀의 절규가 제우스를 움직인 건 땅이 온통 황무지가 된 후였습니다. 목마르고 굶주리고 황폐해진 인간들이 하늘에 경배를 드리지 않기 때문이었습니다. 신은 영원하다지만 인간의 경배를 받지 못하는 신들은 존재감이 있을 수 없습니다. 죽음의 영역에 개입하는 것을 싫어했던 제우스였지만, 마침내 금기를 깨고 페르세포네 구출작전을 폅니다. 페르세포네가 지옥의 양식을 먹지 않았다면 어머니 곁으로 돌아올 수 있다는 겁니다.

헤라가 결혼의 원형이라면 데메테르는 어머니의 원형입니다. 자식이 곁에 있어야 따뜻해지고 화기가 도는 여자, 남편의 일에 덤덤하고 자신의 일에는 울지 않아도 자식의 일이라면 세상 끝까지 가는 어머니. 자식 때문에 겪는 고통이라면 기꺼이 고통까지 감내해내는 어머니의 이데아, 그녀가 데메테르입니다. 매 순간순간 마음을 다해 사랑을 흘려주고, 자식 때문에 많은 눈물을 흘리고, 자식 때문에 꿈을 꾸고, 자식 때문에 넘어지고, 자식 때문에 일어나는 어머니, 죽어도 탯줄을 끊지 못하는 그런 어머니가 있는 한 '나'의 삶은 온전히 '나'만의 것일 수 없겠습니다.

데메테르 같은 엄마가 있는 한 아이들은 어머니가 곧 사랑이라는 사실을 믿어 의심치 않습니다. 그러나 또 그런 사랑은 쉽게 집착으로 변해 자식을 옴짝달싹하지 못하게 하기 쉽지요? 내 인생은 나의 것인데 왜 엄마 마음대로 하려 하느냐고 반항하는 아이들의 소리를 들어보셨습니까? 데메테르의 입장에서는 미칠 일입니다.

하데스에 갇혀 있는 페르세포네를 찾아 목숨을 걸었는데, 하데

페터 파울 루벤스, 「흙과 물의 알레고리」, 1618년경, 상트페테르부르크, 에르미타주 박물관

스의 석류를 먹은 페르세포네가 하데스를 감옥이 아니라 자기 집으로 여기고 있는 것입니다. 그로 인해 데메테르가 외롭게 되었을 때 딸을 찾아 방랑한 시간이, 딸을 향한 사랑이 엄마의 집착이 된 거지요? 그녀의 삶의 고통은 바로 그녀가 집착하고 있는 거기에서 왔습니다.

변화는 내가 매달리는 것, 없으면 안 된다고 집착하고 있었던 것, 집착인 줄도 몰랐던 그것을 제물로 일어납니다. 페르세포네를 찾은 데메테르는 이제 페르세포네가 없는 시간을 견뎌야 합니다. 엄마를 떠나 하데스를 경험하는 페르세포네의 시간, 그 겨울을 기다려줘야 합니다. 데메테르는 자식이 없는 시간, 사랑을 바칠 대상을 잃어버린 겨울의 시간을 통해 기다림을 배울 것입니다.

그러나 또 아시지요? 자기 세계를 찾아 멀어진 아이들을 포기하지 않고 기다려주는 어머니 때문에 결국은 봄이 온다는 것을. 기다림 끝에서 보게 되는 봄이야말로 '나'의 봄입니다.

아프로디테

죄의식 없는 욕망

삶이 폐허가 되지 않기 위해서는 아프로디테를 억압하지 말아야 하며, 관계를 잘 맺기 위해서는 아프로디테가 설치게 해서는 안 됩니다. 아프로디테 없이 건강한 삶을 살 수 없으나 아프로디테에 사로잡혀서도 건강한 삶을 살 수 없습니다. 아프로디테 때문에 힘들었던 프시케는 아프로디테의 전생입니다. 아프로디테로부

* 아프로디테Aphrodite(로마명: 베누스Venus; 영어명: 비너스Venus): '미와 관능의 여신'. 바다의 거품에서 태어났다. 헤파이스토스가 남편이며, 연인 아레스와의 사이에서 아들 에로스를 낳았다.

산드로 보티첼리, 「베누스의 탄생」, 1485년경, 피렌체, 우피치 박물관

터와 소통이 제대로 되어야 프시케가 제대로 성장할 수 있습니다.

아프로디테, 바다에서 태어난 그녀는 원초적 생명력의 상징이 겠습니다. 올림포스 여신 중에 아마도 가장 많은 아이를 두었고, 가장 많은 연애를 하고도 여전히 배가 고픈 여인일 것입니다. 그녀가 시선을 준 곳 어디서나 파도 같은 사건이 생기지만, 그녀는 파도를 삼키는 바다처럼 언제나 아무 일 없었다는 듯 뻔뻔스럽게 시치미를 뗍니다.

아프로디테는 자기 욕망에 충실합니다. 그녀의 욕망은 누구에게도 검토당하거나 점검받지 않습니다. 남편을 두고도 전쟁의 신 아레스와 사랑을 나누고 그 사이에 아이를 셋이나 두지요? 헤르메스와의 사이에서도 아이를 두고. 인간인 아도니스와의 비극적 사랑은 너무도 유명합니다. 남편 헤파이스토스 관점에서 그녀의 욕망은 분명히 올림포스 신들을 소환하고 신들이 정죄해줘야 할 죄 중의 죄인데 정작 그녀에게 죄의식이 없습니다.

그렇습니다. 그녀의 욕망엔 죄의식이 없습니다. 그녀는 그저 욕망으로 빛납니다. 욕망의 아이콘인 아프로디테는 남의 욕망에 대해서도 똑똑히 파악하고 있습니다. 그것은 그녀가 사는 방법이기도 합니다. 아시는 대로 그녀는 트로이의 왕자 파리스의 욕망을 파리스보다 더 정확하게 간파했습니다. 아시지요? 불화의 여신이 '가장 아름다운 여신에게' 보낸 사과!

먹음직도 하고 보암직도 한 그 매혹의 사과를 손에 넣기 위해 여신들은 바빴습니다. 파리스에게 헤라는 세상의 모든 존재를 무릎 꿇게 만드는 '권력'을 주겠다 하고, 아테나는 세상의 모든 일의 본질을 꿰뚫는 통찰의 '지혜'를 주겠다고 나섰습니다. 그 대단한 유혹을 한순간에 내던져버리게 할 수 있는 제안이 아프로디테에게서 나옵니다. "세상에서 가장 아름다운 여인을 주겠다."

아프로디테는 파리스를 꿰뚫어본 거지요? 그것으로 그녀는 세상에서 가장 아름다운 여신이 됐습니다. 그녀를 느끼니 아름답다는 것은 단지 눈코입이 예쁘게 생긴 게 아니겠습니다. 그것은 나와 관련된 '그'의 욕망을 정확히 간파해내고, 나의 욕망과 그의 욕망이 어떻게 어우러질 수 있는지 아는 것까지이겠습니다. 아프로디테가 마음속에서 눈을 떠야 합니다. 그래야 문명이 만든 논리로 세상을 공격하면서 자신을 방어하는 아테나의 지혜나 헤라의 권력을 뛰어넘을 수 있습니다.

세상에서 가장 아름다운 아프로디테 덕택에 파리스는 인간 세상에서 가장 아름다운 여인 헬레네를 얻었습니다. 그러나 그것은

마르크 안토니오
프란체스키니,
「아도니스의 사냥」,
1691~1710, 빈,
리히텐슈타인 컬렉션

트로이 전쟁의 발단이 되고, 그것으로 파리스의 나라 트로이는 바닥모를 심연으로 떨어져 사라집니다. 한치 앞도 내다보지 못한 파리스의 사랑은 어리석은 사랑입니다!

아테나의 이성을 삼키고, 헤라의 권력을 삼키는 그 엄청난 힘의 소유자, 아프로디테 곁에는 언제나 불화가 있고 전쟁이 있습니다. 그녀의 사랑은 자비로 흐르지 않습니다. 그녀의 사랑은 욕망이고, 소유고, 편애입니다. 그녀의 사랑은 평화롭지 않습니다. 그녀의 사랑은 전쟁이고 폭력이고 무책임입니다. 전쟁의 신 아레스와 바람을 피우는 그녀 때문에 초조한 얼굴로 화를 내는 남편 헤파이스토스를 생각해보십시오. 그래도 그녀의 사랑은 멈추지 않습니다. 그녀를 멈출 수 있는 건 그녀 자신뿐입니다.

언제나 파란을 만드는 그녀, 그러나 그 파란 속엔 성장의 씨앗이 숨어 있습니다. 프시케라는 인간 여인이 있습니다. 아프로디테보다 아름답다는 찬사를 받은 여인, 그래서 프시케에겐 아프로디테의 저주가 걸려 있고, 그것 때문에 프시케는 결혼을 하지 못하고 있습니다.

저주가 걸린 곳에서 저주를 풀어야 하지요? 아프로디테 때문에 결혼을 하지 못하는 프시케는 아프로디테 신전을 찾아가 결혼

팔마 2세, 「파리스의 심판」, 1610~1615, 개인 소장

하게 해달라고 진심으로 기도합니다. 아프로디테의 심통에 살짝 아량이 생겼습니다. 프시케를 향해 아주 조금 마음이 풀린 아프로디테가 아들 에로스에게 명합니다. 네가 가서 프시케가 결혼할 수 있도록 죽음을 향해 화살을 당기라고. 프시케는 결혼할 수 있었으나 겨우 죽음과 결혼할 수 있었던 겁니다.

그런데 프시케를 보자마자 에로스가 실수를 합니다. 죽음을 향해 날아가야 하는 화살촉에 자기 손가락이 찔린 겁니다. 실수였을까요? 아무튼 아프로디테의 보물인 에로스는 아프로디테가 유일하게 미워하고 질투하는 인간 여인 프시케의 남편이 됩니다. 그런데 이상합니다. 사랑하는 자기 아들이 미워하는 프시케의 남편이 되는데 행동파 아프로디테가 조용합니다. 프시케를 미워해서 결혼조차 하지 못하게 한 아프로디테의 전적을 생각한다면 참으로 의외이지 않습니까?

어쩌면 프시케는 아프로디테의 현현 아닐까요? 아프로디테는 프시케에게서 관심을 떼어내지 못합니다. 그것으로 봐서 프시케는 아프로디테의 그림자입니다. 우리가 미워하고 질투해서 관심을 떼어내지 못하는 거기엔 우리의 그림자가 있습니다. 그림자는 살아내지 못한 삶의 이면이지요? 프시케는 아프로디테적인 본능이 배우고 진화해야 할 의식적인 삶, 관계적인 삶이 아닐까요?

프시케는 에로스가 에로스인 줄 모른 채 에로스와 결혼했습니다. 우리의 젊은 날이 그렇지 않나요? 욕망이 얼마나 빛나는 것인지, 젊음이 얼마나 사랑스런 것인지 모른 채 그렇게 아름다운 시절을 지나왔습니다. 잃어버린 후에야 알게 되지요. 아름다운 시절이 지나왔음을.

잃어버린 것이 얼마나 소중한 것이었는지를 알게 되면 회복하려 하지요? 물론 회복이 쉽지 않습니다. 소중한 것을 잃고 가슴이 새카맣게 타서 무엇을 해야 할지 앞이 캄캄하기만 한데 무슨 회복을 어떻게 한단 말입니까? 그때 프시케가 찾은 곳은 강가였습니다.

강가란 삶과 삶 아닌 것의 경계지요? 슬프고 아플 때 그런 경계에서 자기를 만나는 시간이 필요합니다. 흐르는 물을 바라보며 목 놓아 울어보는 시간 같은 것! 프시케는 아프고 쓰린 날을 그렇게 보냈습니다. 울다보면, 눈물이 나오는 원천으로서의 몸에 집중하다보면 듣게 되는 복음 같지 않은 복음이 있습니다. 프시케는 강의 신 판이 들려주는 소리를, 그 내면의 소리를 듣습니다.

"아프로디테에게로 가라."

아프로디테의 욕망엔 죄의식이 없습니다.
그녀는 그저 욕망으로 빛납니다. 욕망의 아이콘인
아프로디테는 남의 욕망에 대해서도 정확합니다.
그것은 그녀가 사는 방법이기도 합니다.
그녀는 트로이의 왕자 파리스의 욕망을
파리스보다 더 정확히 간파했습니다.
아시지요? 불화의 여신이
"가장 아름다운 여신에게" 보낸 사과!

안토니 반 다이크, 「에로스와 프시케」, 1639~1640, 런던, 윈저 성

'나'를 결박하고자 한 그곳이 '나'를 풀어주는 곳입니다. 프시케 삶의 균열은 모두 아프로디테가 만들었으나 그 균열은 프시케의 성상점이기도 합니다. 프시케는 자기를 좋아하지 않는 아프로디테에게서 에로스를 찾을 수 있는 과제를 받습니다.

과제의 시작은 알곡 고르기입니다. 쌀·보리·콩·팥·수수 등 온갖 잡곡을 섞어놓고, 쌀은 쌀대로, 보리는 보리대로, 콩은 콩대로 고르는 일! 어렵지 않지만 지루한 반복입니다. 무의미해 보이기까지 한 단조롭고 사소한 일을 반복, 또 반복하면서 프시케는 스스로 고요해지는 방법을 배웠을 것입니다. 고요해져야 차분해집니다. 차분해져야 직관이 살아납니다. 직관에 힘이 붙으면 이제 아프로디테를 이해할 수 있습니다.

나는 생각합니다. 프시케의 마지막 과제는 아프로디테를 온전히 이해하는 거라고. 프시케가 열정을 가진 무책임한 자유주의자, 아프로디테를 온전히 이해하게 되면 그때야말로 의식 속에 무의식을 통합한 온전한 여인이 되는 때인 것입니다.

포세이돈
2인자의 무의식

욕망은 인간적일까요? 비인간적일까요? 사실 '인간적'이라는 형용사는 욕망을 품어내기엔 그 품이 너무 작습니다. 차라리 욕망이 인간을 낳았다고 해야 할 겁니다. 인간을 낳은 욕망은 '인간적'이라는 형용사를 삼키며 스스로 인간적인 무늬를 만들어냅니다.

바다의 신 포세이돈은 엄청난 욕망의 소유자입니다. 어쩌면 그

---

* 포세이돈Poseidon(로마명: 넵투누스Neptunus; 영어명: 넵튠Neptune): '바다의 신'. 크로노스와 레아의 아들이며, 제우스의 형이다. 황금 갈기를 가진 말을 타고 바다를 건너다니고, 세 갈래 창으로 바다와 육지를 들어 올려 지진을 일으킨다.

니콜라 푸생, 「넵투누스와 암피트리테의 승리」, 1634, 펜실베이니아, 필라델피아 미술관

힘을 좋아하고 힘을 지향하는
힘센 남자가 제우스를 넘어서지 못해
하늘의 지배권을 만져보지 못했으니
그 거침없는 생명력이
누구를 치고 때리고 파괴하겠습니까?
자기 상처를 어쩌지 못해 그 때문에
감성적인 된 힘센 남자, 주변에 있지요?
가진 것 많고 감성적이기 때문에
이 사람 혹은 저 사람과 늘 연애를 하지만
자기 상처 때문에 한 사람과
지속적인 연애를 하지 못하는 바람둥이,
포세이돈의 원형에 시달리는
남자들입니다.

는 자기 자신도 어쩌지 못하는 욕망에 휘둘리고 있는 존재라 해도 맞을 겁니다. 그의 아내가 된 암피트리테는 원래 포세이돈을 좋아하지 않았습니다. 그런데도 그는 미친 듯이 그녀를 쫓아다니고 찾아다녔고, 마침내 찾아내 결혼합니다. 원하는 것을 얻을 때 행복이 오는 게 아니라면서요? 이미 얻은 걸 원할 줄 아는 사람이 행복을 누릴 줄 아는 사람입니다.

그렇다면 포세이돈 역시 행복할 수 없는 존재입니다. 욕망 때문에 결혼했으나 결혼도 그의 욕망을 가둘 수는 없었으니까요. 그는 제우스가 그랬던 것처럼 또 다른 욕망을 찾아 이리저리 바람을 피우고 다닙니다.

남편의 바람기 때문에 암피트리테는 늘 성이 나 있습니다. 지중해 바닷가가 늘 성이 나 있는 이유는 포세이돈과의 결혼으로 지중해의 여신이 된 암피트리테의 화 때문이라고 합니다.

포세이돈은 힘세고 감성적인 남자의 원형입니다. 그의 삼지창은 그가 얼마나 힘이 센 남자인지를 증명합니다. 물론 그는 단순히 힘만 센 남자가 아닙니다. 바다 밑에서 올라와 하늘을 나는 화려한 그의 말, 백마를 보십시오. 그 흰 말은 그가 얼마나 아름답고 감성적인 남자인지, 그의 힘의 원천이 감성이고 무의식임을 보여주고 있습니다.

그나저나 포세이돈은 원래부터 감성적이었을까요? 힘을 좋아하고 힘을 지향하는 힘센 남자가 제우스를 넘어서지 못해 하늘의 지배권을 만져보지 못했으니 그 거침없는 생명력이 누구를 치고 때리고 파괴하겠습니까? 자기 상처를 어쩌지 못해 그 때문에 감성적인 된 힘센 남자, 주변에 있지요? 가진 것 많고 감성적이기 때문에 이 사람 혹은 저 사람과 늘 연애를 하지만 자기 상처 때문에 한 사람과 지속적인 연애를 하지 못하는 바람둥이, 포세이돈의 원형에 시달리는 남자들입니다.

포세이돈이 아테네를 놓고 제우스의 딸 아테나와 싸운 것은 유명합니다. 아테네를 얻기 위해 그는 아테네 아크로폴리스 정상에 샘물을 선물합니다. 그러나 아테네가 올리브 나무를 선물한 아테나를 선택하자 화가 난 그는 아테네에 홍수를 퍼붓습니다. 뒤끝 작렬하지요?

아마도 아테나와의 결투는 포세이돈에게는 '운명'이었을 것입니다. 대지를 떠나야 하는 운명! 대지에서의 지배권을 조카 세대인 아테나에게 넘겨야 하는 운명 말입니다. 에너지 많은 권력자가 대지에서 지배권을 상실하고 바다로 쫓겨 가야 하는 엄청난 운명을 받아들이기가 쉽지는 않았을 것입니다. 그러니 자기 성질을 못 이겨 성질 더러워진 파괴적인 그 신은 건드리면 안 되는 폭탄이 되었겠지요. 뒤끝 작렬한 포세이돈이 조용히 '운명'을 받아들이고 흔적 없이 떠났을 리 없으니까요. 그의 이름 속에 '대지를 흔드는 자'란 뜻이 들어 있는 것은 우연이 아닙니다.

그러나 그렇기만 하다면 왜 바다의 신이겠습니까? 분명 그는 냉혹하고 위험하고 폭력적인 존재이지만 그 이면의 포세이돈은 풍요롭고 다정하고 매혹적인 존재입니다. 바닷물의 깊이를 잴 수 있나요? 바다는 품은 깊고도 넓습니다. 집채만 한 고래에서부터 집요하고 강인한 상어는 물론 연약하기 그지없는 제비갈매기까지 바다는 그 모두를 품습니다. 무의식의 품이고 포세이돈의 품입니다.

마음속에 포세이돈이 사는 사람은 원시적인 사랑의 에너지로 만물을 품을 줄 아는 사람입니다. 현실적으로 그는 모든 것을 주고 모든 것을 요구합니다. 본능의 힘으로 돌진하고 목숨 바쳐 싸우는 그는 계산 없이 베풀 줄도 아는 존재입니다.

헤밍웨이의 『노인과 바다』, 읽으셨나요? 거기 노인을 연상해보십시오. 그 노인 산티아고는 평생 바다에서 살고 바다에서 배운

노엘 알, 「아테네 도시에 이름을 지어주기 위한 미네르바와 넵투누스의 논쟁」, 1748, 파리, 루브르 박물관

고기잡이 어부이지요? 그의 눈빛은 바다 빛이고 그의 피부는 바람의 감촉만으로도 남서풍인지, 북동풍인지를 알아냅니다. 돌고래가 물을 내뿜는 소리만 들어도 그것이 암컷인지 수컷인지를 분간할 줄 아는 그는 돌고래가 장난치며 사랑하는 모습에서 형제애를 느끼고 있습니다. 누구보다도 바다와 닮아 있는 그는 바다를 잘 알고 사랑하는 포세이돈이지요. 그런 그가 먼 바닷가로 나가 엄청난 크기의 청새치를 잡은 건 행운이었을까요, 불운이었을까요? 청새치를 잡으며 그는 투쟁의 본질을 배우고 있습니다.

"저 녀석의 도박은 저 어두운 바다 밑에서 견디는 일이야. 나의 도박은 바다 밑까지 놈을 쫓아가는 일이지."

사흘간의 투쟁 끝에 어렵게 잡은 청새치의 피가 상어를 부르고, 상어 떼를 부르고, 이번에는 또 상어 떼와의 투쟁이, 목숨 건 투쟁이 시작됩니다. 생사를 건 투쟁은 모든 것을 지우지요? 거기엔 생각도, 감정도 들어설 자리가 없습니다. 지칠 줄 모른 채 일심이어야 하는 거지요.

이때 나오는 말이 '인간은 파괴될 수는 있어도 패배할 수는 없다'는 말입니다. 목숨 건 투쟁을 하고 나면 그 일심의 투쟁에서 모든 것이 파괴된다 해도 그 파괴를 견디는 정신의 힘, 영혼의 향기가 생기는 모양입니다.

결국 뱃전의 청새치는 완전히 상어 떼의 밥이 됩니다. 그 피 냄새 진동하는 핏빛 바다를 항해하면서 이번에 노인은 오로지 키 잡는 일에만 몰두합니다. 키 잡는 일을 놓치는 것은 죽음이니까요. 혼돈인 거지요. 파멸할 수는 있어도 패배할 수 없다는 그의 의지는 바다에서 왔습니다.

산티아고는 빈손으로 돌아왔습니다. 완전히 녹초가 되었지요. 그는 아무것도 내놓을 게 없었지만 후회하지 않았습니다. 바다와 살면서 그는 그 자신을 긍정하는 법을 배웠으니까요. 그는 그 자신이 이제 운이 다했다는 사실까지도 편안히 받아들이고 있습니다.

그가 돌아왔을 때 외로운 그를 기다리는 이는 소년뿐이었습니다. 그가 좋아하고 그를 좋아했던, 그를 아는 유일한 사람이었지요. 그 소년이 찾아와 노인과 함께 고기잡이를 나가는 꿈을 꾸자 그가 말합니다.

"그건 이제 안 되겠다. 나는 운이 없어. 운이 다했단다."

이때 소년이 하는 말이 인상적입니다.

"그런 소리 마세요. 운은 내가 갖고 가면 되잖아요."

마음속의 포세이돈에 휘둘리는 사람은 자기 상처를 어쩌지 못

펠리체 지아니, 「포세이돈과 암피트리테의 결혼」, 1802~1805, 파엔차, 팔라초 밀체티

해 충동적이고 화를 잘 냅니다. 창조적인 에너지를 파괴적으로
쓰고 있는 거지요. 반면 마음속의 포세이돈을 잘 다루는 사람은
바다 노인 산티아고처럼 생사를 건 투쟁에 자기를 던질 줄 압니
다. 생사를 건 투쟁은 모든 것을 지우지요? 거기엔 생각도, 감정
도 들어설 자리가 없습니다. 그러고 나면 산티아고처럼 모든 것을
잃는다 해도 후회하지 않는 모양입니다. 어쩐지 산티아고가 포세
이돈보다도 포세이돈 같네요.

하데스
근원적 상실

올해로 일흔여덟이 된 엄마가, 어느 날 강렬하게 자신을 찾아온 꿈을 펼쳐놓습니다.

"꿈에 내가 사막에 서 있는 거야. 햇빛은 쨍쨍한데, 가방도 없고, 돈도 없고. 너희들도 없고, 아무도 없고 아무것도 없는 거야. 어디로 가야 할지도 모르겠고, 참 막막했어."

• 하데스Hades(로마명·영어명: 플루토Pluto): '무간지옥(無間地獄)의 신'이자 명부(冥府)의 왕. 크로노스의 아들. 암흑의 마관(魔冠)을 쓰면 보이지 않으며, 데메테르의 딸 페르세포네를 꾀어 명부로 데려가 아내로 삼았다. 올림포스 12신에는 해당되지 않는다.

하데스의 모자를 쓰면 보이지 않지요?
하데스는 페르소나(persona) 없음의 상징입니다.
아무것도 내세울 게 없는 황막한 존재,
슬픔의 강·분노의 강·망각의 강 너머
아무도 모르는 곳에 고독하게 유폐되어 있는
두려운 괴물, 감히 신이라고 해도
함부로 침범할 수 없는
저 아득한 지하세계의 왕 하데스는
아마도 상실의 이데아일 것입니다.

루카 조르다노, 「페르세포네의 귀환」, 1660~1665년경, 샬롱-쉬르-사온, 비방 박물관

혼자 가야 하는 길, 어디로 가야 할지 막막하기만 한 길, 그 꿈은 엄마에게 '죽음'이 바로 엄마의 화두임을 상기시켜준 거였습니다. 엄마는 죽음을 두려워하고 있었지만, 이제는 죽음을 생각하면서 살 만큼의 힘이 조금 생겼기 때문에 꿈이 그렇게 찾아온 것입니다. 거창하게 말하면 그 꿈은 엄마의 '신곡'입니다. 단테의 『신곡』이 어떻게 시작하는지 아십니까?

"생의 절반을 보낸 나는 길을 잃고 홀로 어두운 숲에 서 있었다. 아, 그토록 음산한 숲을 어찌 말로 표현할 수 있으리."

어둡고 울창하고 음산한 숲에 단테 홀로 서 있습니다. 두려움에 휩싸인 그를 가로막는 것은 사나운 표범이고, 피에 굶주린 늑대입니다. 그들에게서 도망치다 사람을 만난 단테는 지푸라기라도 잡는 심정으로 살려달라고 애원하는데, 그 사람이 이렇게 얘기합니다. 나는 먼 옛날에 사람이었다!

먼 옛날에 사람이었던 그 사람, 바로 단테가 시를 배운 시인 베르길리우스입니다. 그를 만나 『신곡』의 지옥 여행이 시작됩니다. 어두운 숲에서 혹은 사막에서 홀로 어디로 가야 할지 막막한 적이 있나요? 지금껏 내가 누려왔던 것이 아무 힘도 발휘하지 못하고 오히려 짐이 되는 그곳, 거기가 저마다의 『신곡』이 시작되는 자

한스 폰 아헨, 「페르세포네 납치」, 1589, 시비우, 브루켄탈 국립 박물관

리입니다.

죽음을 이해하지 못하면 삶을 제대로 이해할 수 없다고는 하지만, 무시무시한 죽음의 왕 하데스에게 두려움 없이 손 내밀 수 있는 자가 얼마나 되겠습니까? 죽음이야말로 인간이 아는 최고의 상실인데.

하데스의 모자를 쓰면 보이지 않지요? 하데스는 페르소나

(persona) 없음의 상징입니다. 아무것도 내세울 게 없는 황막한 존재, 슬픔의 강·분노의 강·망각의 강 너머 아무도 모르는 곳에 고독하게 유폐되어 있는 두려운 괴물, 감히 신이라 해도 함부로 침범할 수 없는 저 아득한 지하 세계의 왕 하데스는 아마도 상실의 이데아일 것입니다. 그 하데스가 그 검은 에너지로 거침없이 거칠게, 격식도 없이 꽃밭에서 놀고 있는 페르세포네를 납치해 아내를 삼지요?

'납치'당했다는 것은 페르세포네의 의지가 개입되지 않았다는 거지요? 사실 상실의 슬픔을 겪겠다고 의지를 내는 사람이 어디 있겠습니까? 상실의 하데스는 언제나 기습적으로 찾아와 피에 굶주린 늑대가 이빨을 드러내는 음산한 숲에다 내던지듯 '나'를 던져놓습니다. 상실의 쓰나미를 뒤집어쓴 페르세포네는 그 지옥에서 얼마나 애가 탔겠습니까? 그런데 거기에 뜻밖에도 달콤한 석류가 있는 거지요?

의외로 페르세포네는 하데스를 싫어한 것 같지 않습니다. 로세티가 그린 「페르세포네」를 보십시오. 금단의 석류를 먹지 않기 위해 한 손으로 팔목을 잡고 절제하고 있지요? 그러나 그렇다 해도 결국 달게 먹을 수밖에 없을 만큼 석류는 탐스럽습니다. 시작은 하데스의 납치였지만, 석류를 먹은 것은 페르세포네의 의지가 아니었을까요?

그림 속의 석류를 보십시오. 이브의 선악과 만큼이나 보암직도 하고 먹음직도 하지요? 그리고 페르세포네의 자태와 표정을 보십시오. 빨간 속살이 드러나는 석류는 하데스의 강요로 어쩔 수 없이 삼켜야 하는 약이 아닙니다. 페르세포네는 하데스의 석류의 맛을 알고 있습니다. 배 속까지 환해지는 달콤한 그 맛을.

페르세포네가 하데스에 존재하는 4개월, 대지는 아무것도 꽃 피우지 못한다면서요? 하데스의 석류는 상실을 두려워하지 않는 페르세포네의 양식, 페르세포네의 마음입니다.

강렬한 꿈을 꾼 엄마는 인생, 정말 짧다고, 자기가 70이 되고 80이 될 줄은 꿈에도 몰랐다고 노래를 부르십니다. 그렇지 않나요? 그때 그 청춘은 참으로 길고 길었는데. 내 열정을 감당하지 못해 내가 나를 치고 상처 냈던 그때 그 시간은 너무나 길어서 끝나지 않을 줄 알았는데. 그런데 지나놓고 보니 참 덧없지요. 꿈 같습니다.

그러고 보니 젊음도 잠시 빌린 것일 뿐 내 것이 아니었습니다. 한때 초원의 빛이었고, 꽃의 영광이었던 그것은 어디로 갔을까요?

단테 가브리엘 로세티,
「페르세포네」, 1874,
런던, 테이트 브리튼 갤러리

더 이상 내 것이 아닌 것을 붙들고 있는 거, 그것을 집착이라고 합니다. 내 삶을 빛나게 했던 바로 그것이 집착이 된 겁니다. 집착에 발목이 잡혀 있으면 집착하고 있는 그것이 나를 붙들고 내 인생을 하인 부리듯 부립니다. 내가 놓지 못하는 그것이 나를 휘두르는 겁니다.

석류는 그 집착을 거두게 하는 영혼의 양식 같습니다. 하데스의 석류는 삶은 소유가 아니라 경험이라는 깨달음으로 우리를 인도합니다.

헨리 데이비드 소로처럼 계절의 변화를 살피는 일만으로도 우리의 할 일은 충분하다는 것을 아는 자, 일 없이도 젊음 없이도 사람 없이도 자기를 괴롭히지 않고 자기와 잘 지내는 자, 그렇게 늘 평안하기 때문에 어떤 일을 하더라도 주변에 따뜻함을 흘려주는 자, 집착을 벗어버린 그런 영혼이야말로 하데스의 석류의 맛을 아는 자유인이 아닐까요?

제2부

올림포스 2세대

디오니소스처럼 방랑하고
헤파이스토스처럼 자기만의 대장간을 가지길!
아르테미스와 함께 숲에서 춤을 추고
헤르메스처럼 자유롭길!

아테나

지성의 철갑, 그 이면

"함부로 친구, 친구 하지 마라. 나한테 친구는 애인도 주는 건데……. 젊으면 싸울 건데, 주려구? 나보다 더 늙은 친구에게."

「디어 마이 프렌즈」, 보셨습니까? 삼각관계 속에서도 사랑과 우정을 조화시킬 줄 알고, 외로움 속에서 서로서로 길을 잃지 않게 도와주는 늙은 여인들의 지혜가 왜 미네르바의 부엉이는 황혼이 되어서야 비로소 날기 시작하는지를 짐작케 합니다.

• 아테나Athena(로마명·영어명: 미네르바Minerva): '지혜와 전쟁의 여신'. 제우스의 딸이자 아테네 시(市)의 수호신이다.

제우스의 머리에서 무장한 채 태어난 아테나는
전략을 짜고 목표를 이루는 지혜의 여신입니다.
아버지의 지지를 받으며 논리를 만들고
뛰고 싸우는 그녀는 앞서 나가는 일에,
칭찬받는 일에 익숙한
아버지의 딸, 남자 같은 여자입니다.

안드레아 만테냐, 「악덕과 미덕의 알레고리」, 1499~1502년경, 파리, 루브르 박물관

미네르바, 지혜의 여신이지요? 그리스 신화에서는 아테나라고 합니다. 아테나는 제우스의 머리에서 태어났습니다. 제우스의 허벅지에서 태어난 디오니소스가 격정과 도취를 사랑하는 광기의 신이라면 제우스의 머리에서 무장한 채 태어난 아테나는 전략을 짜고 목표를 이루는 지혜의 여신입니다. 아버지의 지지를 받으며 논리를 만들고 뛰고 싸우는 그녀는 앞서 나가는 일에, 칭찬받는 일에 익숙한 아버지의 딸, 남자 같은 여자입니다.

그녀는 영웅들의 수호신입니다. 그녀의 도움이 없었다면 페르세우스가 메두사의 머리를 벨 수 있었을까요? 헤라클레스가, 이아손이 모두 모험의 여정에서 그녀의 도움을 받았습니다. 영웅들에게는 가지 않으면 안 될 길을 열어주는 수호신인 그녀는 정작 본분을 잃은 자기 여인들에게는 관용을 베풀지 않고 가혹하기만 한 여신이었습니다. 아시지요? 그녀가 그녀의 신녀인 메두사와 베를 짜던 아라크네에게 어떻게 보복했는지를.

그녀는 그녀의 성전에서 포세이돈과 바람이 난 메두사를 용서하지 않고 메두사의 자랑인 머리카락 한 가닥 한 가닥을 온통 뱀으로 만들어버렸습니다. 베틀 위에서 아버지 제우스의 애정행각을 수놓아 제우스를 욕보인 아라크네에게는 스스로 짠 틀 속에 평생 갇혀 살아야 하는 거미가 되게 했습니다. 도대체 그녀는 왜 그런 걸까요?

그녀의 행동을 '여자의 적은 여자'라는 말로 설명할 수는 없겠습니다. 그보다는 아버지를 사랑하고 위계를 사랑하는 그녀의 성향에서 찾아야 하지 않을까요? 남성적임에도 불구하고 남성과의 연애를 좋아하지 않는, 이성적인 그녀는 그녀가 제일 경계하는 '감정'으로 치고 올라오며 자기 본분을 망각하는 인간을 두고 보지 않습니다. 그녀는 철갑을 사랑하고 방패를 사랑하고 칼을 사랑합니다. 잘난 그녀에게, 그녀를 지지해주는 아버지 제우스에게 칼을 들이대는 자, 칼에 찔리고 이그러질 것입니다. 아라크네처럼, 메두사처럼.

그런데 자기 사람들에게 복수의 칼날을 휘두르며 그들의 삶을 파멸로 몰아가는 건 어쩌면 자기 약점을 허용치 않는 아테나의 경직성이 아닐까요? 자기 분신과도 같은 그들을 벌하는 그 잔인한 행위 속에 그녀가 있고 그녀의 한계가 있습니다. 무엇보다도 아버지의 머리에서 태어난 그녀에게 어머니가 없다는 것을 기억해야 할 것 같습니다. 아니, 그녀는 아버지에게 삼켜진 어머니를 잊고 삽니다. 아테나가 왜 달콤한 사랑에 빠져 생은 부드럽고 아

지롤라모 바토니, 「사랑과 지혜 사이에 선 헤라클레스」, 1765, 상트페테르부르크, 에르미타주 박물관

바르톨로메우스 슈프랑거, 「헤르메스와 아테나」, 1585년경, 프라하, 프라하 성 화이트 타워

름다운 거라고 말하는 법이 없는지, 왜 쓰다듬고 다독일 줄 모르는지 이해가 되지 않습니까.

파울로 코엘료의 『포르토벨로의 마녀』 속 주인공의 이름도 아테나입니다. 작가가 그의 분신이나 다름없는 주인공에게 이름을 준다는 건 혼을 부여하는 거지요? 『마녀』 속 아테나는 천사와 악마를 부르는 독특한 운명 때문에 자기 삶이 산산조각납니다. 삶에 끊임없이 돌팔매질을 당하는데도 그녀는 엄살 떨지 않습니다. 그녀는 고통을 안으로 삼킬 줄 아는 내성적인 여인이니까요.

고통을 삼켜 안으로 힘을 모으는 그녀는 전쟁의 여신 아테나답게 끝까지 싸우지만 그녀의 싸움은 내적 싸움입니다. 이기기 위한 싸움이 아니라 지키기 위한 싸움이지요. 전쟁의 신 아레스처럼 세력을 확장하기 위해 싸우는 것이 아니라 자기의 운명을 지키기 위해 조용히 싸우는 겁니다. 그녀의 운명은 성스러운 힘이 현현하는 그릇으로서의 자기를 온전히 받아들이는 겁니다. 코엘료의 『아테나』에는 '헤스티아'의 모습이 있지요?

어쨌든 『마녀』의 아테나도 엄마를 몰랐습니다. 엄마를 몰랐기 때문에 세상이 사랑으로 넘쳐 흐르는 곳이라는 걸 믿지 못했고 미친 듯이 살아왔다는 그녀는 마침내 이렇게 고백합니다.

산드로 보티첼리, 「아테나와 켄타우로스」, 1485년경, 피렌체, 우피치 박물관

"나는 항상 미친 듯이 살아왔어요. 그 모든 것이 내게 공백으로 남아 있는 시간들을 돌아보지 않기 위해서였어요. 그 부분 때문에 철저한 공허를 느꼈거든요."

공허를 공허라 느끼고, 고독을 고독이라 느끼고, 미친 듯 살아온 이유가 공백으로 남아 있는 시간 때문이었음을 고백하게 될 때, 그때 아테나는 그간 자기를 지켜줬던 이성의 철갑을 벗어버릴 수 있을 것입니다.

처녀신이라는 이미지 때문에 나이 든 아테나를 상상할 수 없지만 이성의 철갑을 벗어버리며 그녀는 나이를 먹을 것입니다. 그간 그녀를 지켜줬던 이성의 철갑을 벗을 때 그녀의 부엉이가 날아오르지 않을까요?

아르테미스

직관의 활

바람이 나무를 흔들어주지 않으면 나무는 깊게 뿌리내리지 못한다면서요? 바람에 흔들리는 가지들이 달빛에 빛나는 숲, 아르테미스의 숲입니다. 뿌리 깊은 나무가 많은 숲은 물 흐르는 소리도 거칠고 시원합니다.

충남 공주 태화산에서 며칠 묵었는데, 내내 비가 왔습니다. 떠나기 전날에야 비가 그치니 모처럼 태화산에 달이 떴습니다. 예

---

* 아르테미스Artemis(로마명: 디아나Diana; 영어명: 다이애나Diana): '달의 여신'. 제우스와 레토의 딸로, 사냥·수렵·다산(多産)·순결의 여신이기도 하다.

피에르 프란체스코 몰라, 「엔디미온의 잠」, 1660년경, 로마, 카피톨리나 미술관

기치 않았던 바람이 뺨을 스치고. 며칠간 내린 비로 계곡의 물 흐르는 소리 또한 거친데, 갑자기 행복감이 밀려옵니다. 달빛 아래서 춤추고 싶어졌습니다. 달빛이 숲에 들고 계곡에 떨어지고, 초목을 스치는 바람 소리, 물소리에 귀가 열리면 숲이 기대한 오케스트라가 되어 연주하고 있다는 것을 느낍니다.

달빛을 받으며 가만히 호흡에 집중하니 호흡도 행복해합니다. 그것이 바로 자연스런 춤의 시작이겠지요. 바로 여기가 고향입니다. 태어난 곳이 서울이든 도시든 진정한 우리의 고향은 숲! 우리는 달빛을 안고 춤을 추는 사냥의 신, 아르테미스의 딸입니다. 그러고 나니 왜 숲이 우리의 집이고 정원이어야 하는지 알겠습니다.

아르테미스는 산이 험하고 들에 나무가 많을수록 힘이 나겠지요? 활을 들고 다니는 그녀는 수렵과 채취 시대부터 우리 곁에 있었던 생명력 있는 여신이기도 합니다. 그녀의 정원에서 이루어지는 사랑은 인간적이라기보다 자연적입니다.

사실 사랑은, 특히 남녀 간의 사랑은 종종 인간적이라는 관형사를 배반합니다. 쓰나미 같은 정열은 인간적이라기보다는 자연적이니까요. 자연이 만든 그 정열을 아는 사람은 수긍할 것입니

프랑수아 클루에, 「아르테미스의 목욕」, 1565, 루앙, 루앙 미술관

도메니키노, 「사냥하는 아르테미스」, 1616~1617, 로마, 갈레리아 보르게세

태어난 곳이 서울이든 도시든
진정한 우리의 고향은 숲!
우리는 달빛을 안고 춤을 추는 사냥의 신,
아르테미스의 딸입니다. 아르테미스는 산이 험하고
들에 나무가 많을수록 힘이 나겠지요?
활을 들고 다니는 그녀는 수렵과 채취 시대부터
우리 곁에 있었던 생명력 있는 여신이기도 합니다.
그녀의 정원에서 이루어지는 사랑은
인간적이라기보다 자연적입니다.

다. "사랑한다는 것은 환희를 완벽하게 알고서 파멸하는 것을 뜻한다." 산도르 마라이의 말에 수긍할 것입니다. 그것이 아르테미스의 목욕 장면을 훔쳐본 죄로 죽음에 이른 악타이온에게 불쌍하다고 할 수 없는 이유입니다.

숲 속 계곡에서 처녀신 아르테미스가 달빛을 받으며 요정들과 함께 목욕을 합니다. 사냥꾼 악타이온은 우연히 달빛의 아르테미스를 보고 홀린 듯 끌립니다. 숲의 여신의 알몸을 봤다는 것은 자연이 인간에게 선사한 열정의 세례를 받았다는 거지요? 죽어도 좋은 그 열정에.

누구나 열정 때문에 죽을 수 있는 건 아닙니다. 악타이온은 아르테미스를 외면한 채 가늘고 길게 사는 삶보다 아르테미스를 본 죄로 당장에 죽는 삶을 선택했습니다. 전부를 주고 전부를 요구하는 열정에 온전히 자기를 맡기고 산산조각이 나는 인생, 그리고 그런 감정의 세례를 받은 적 없이 지지부진 안락하게 자기를 유지하며 사는 인생 중, 당신은 어느 인생의 길을 걷고 싶십니까?

악타이온이 그 열정에 자기 자신을 맡겼다는 것은 그가 사냥꾼이기 때문에 가능했던 거라고 생각합니다. 누구보다도 숲을 잘 아는 그는 자연의 아들, 창조하고 파괴하는 자연을 두려워하지 않는 존재니까요. 원초적으로 우리를 이끄는 그 힘에 '나' 자신을 맡겨본 적이 없는 자가 어찌 악타이온을 이해하겠습니까? 문명사회에 잘 적응한 사람들은 아름다움 때문에 죽을 수 있다는 것을 이해할 수 없습니다.

마르쿠제에 따르면 "문명은 에로스의 억압"입니다. 문명은 바로 숲을 정복하고 아름다운 것에 대한 열정을 억압하면서 건설되었습니다. 문명이 아르테미스의 숲을 점령하고 정복하고 도시의 빌딩들을 건설한 것입니다. 당연히 문명 속에 갇힌 열정, 문명과 타협한 열정은 흐름을 잃어버린 물처럼 설레지 않습니다.

아버지의 사랑을 받는 딸로서 아르테미스는 자신감이 있습니다. 그녀의 자신감은 아버지의 사랑인 또 다른 딸, 아테나의 자신감과는 다릅니다. 아테나의 자신감이 가부장적인 도시에서 왔다면, 아르테미스의 자신감은 자연에서 왔습니다. 숲의 여신답게 아르테미스는 어머니 레토와 사이가 좋습니다. 그 점에서 그녀는 어머니를 인정하지 않는 가부장제 문명의 여신 아테나와는 다른 힘을 가지고 있습니다.

동생 아폴론이 태어날 때 기꺼이 어머니의 해산을 도왔고, 어

퐁텐블로 화파, 「사냥꾼 아르테미스」, 1530~1560년경, 파리, 루브르 박물관

머니를 강간하려는 타이티우스를 화살로 쏘아 죽이기도 했습니다. 화살을 든 그녀의 단호함이 니오베가 흘린 눈물의 원천인 것은 유명합니다.

3박 4일이든, 6박 7일이든 일단 숲 생활을 해보시지요. 숲으로 가면 숲 속에서 서늘한 공기를 마시며 '나' 자신에 집중하다보면 아르테미스의 화살이 나를 겨냥하고 있음을 느낍니다. 그녀의 화살은 막무가내로 살생을 일삼는 화살이 아니라 무엇을 맞추고 무엇을 보호해야 하는지를 아는 직관의 활입니다.

그 아르테미스가 처녀라면서요? 아르테미스는 정복될 수 없습니다. 그녀는 처녀여서 처녀인 것이 아니라 정복할 수 없어 처녀입니다. 그것은 우리의 희망이기도 합니다. 현대인은 예전에 없던 병을 앓고 있지요? 만성 두통, 만성 소화불량, 강박증, 우울증, 분노조절 장애, 히스테리…… 현대인의 병은 우리가 정복했다 믿은 숲을, 정복되어서는 안 되는 아르테미스의 숲을 회복하라는 징후입니다.

우리의 본능 속엔 숲에서 낮에는 과일을 따고 물고기를 잡고 사냥을 하고 밤에는 모닥불을 피워놓고 이슬을 맞고 잠들던 시절의 흔적이 남아 있습니다. 내 속에 아르테미스가 깨어나면 복잡

한 도시 생활에 두통을 느끼며 자연과 함께 살며 삶을 단순하게 꾸리라고 독려하는 내면의 목소리를 듣게 될 것입니다. 단순하고 단조롭게 살아야 중요한 것이 보입니다.

아폴론

지혜와 오만

햇빛 좋은 날, 나그네가 되어 이방의 땅을 떠돌아보신 적이 있나요? 남인도 벵골 만 바닷가에서였을 겁니다. 서산으로 해가 넘어가는데, 저절로 두 손이 모아졌습니다. 그리고 왜 태양을 신이라 하는지 이해했습니다. 헤라클레이토스가 저 태양을 보고 불이 만물의 근원이라고 한 것은 아닐까, 하는 생각까지 했습니다.

　중천에 떠 있는 태양은 빛으로 충만해서 대면하기는 힘듭니다.

---

* 아폴론Apollon(로마명·영어명: 아폴로Apollo): '예술·태양의 신'. 제우스와 레토의 아들. 예언·의료·궁술·음악·시(詩)의 신이다.

그러나 넘어가는 해는 충만함이 빠진 그만큼 사색을 허용하지요? 슬쩍 자기 실루엣을 보여주는 아폴론 같습니다.

아폴론, 지혜의 신입니다. 태어나자마자 아버지 제우스로부터 백조가 끄는 전차를 선물로 받은 남자입니다. 아흐레 먼저 태어난 누이 아르테미스는 그의 해산을 도왔을 뿐 아니라 활쏘기까지 가르쳐주지요? 엄마, 아빠, 누이로부터 모두 환영받고 태어난 지혜의 신은 위대한 뱀 피톤을 죽이고 델포이를 장악한, 아버지 제우스의 기대주이고 최고의 엄친아입니다.

지혜의 신 아폴론에게도 아킬레스건이 있을까요? 빅토르 위고의 위대한 사랑시가 어쩐지 예수에 대한 시라기보다는 아폴론을 두고 쓴 시 같습니다.

오, 사랑이여!

너만이 신을 하늘에서 지상으로 끌어내릴 수 있었다

오, 너의 속박은 얼마나 강한가

신을 묶어놓을 수 있을 만큼 강했으니

너는 신을 인도해왔고

너의 화살로 상처를 입었다

그 누가 태양의 신 아폴론을 대적하고 아폴론에게 상처입힐 수 있겠습니까? 그렇다면 제우스의 아들이며 지혜의 신인 그에게는 아무런 상처가 없을까요. 이상하지요? 지혜의 신인 아폴론조차 사랑의 화살을 피해 갈 수 없고 그 상처에서 자유로울 수 없으니.

자, 동쪽으로 동쪽으로 걸어가서, 남쪽으로 남쪽으로 걸어가서 태양마차를 모는 아폴론을 만나볼까요? 그리하여 카산드라가 되어볼까요? 시빌레가 되어볼까요? 잠시 아폴론에 매혹된 죄로 고독한 운명을 살아야 했던 여인들이 실제보다도 더 실제인 것처럼 나를 자극합니다.

원래 시빌레는 아름다운 소녀였습니다. 그녀에게 매혹된 아폴론은 그녀가 자신의 사랑을 받아들일 경우 원하는 것을 주겠다고 제의합니다.

"나는 한 줌의 흙무더기를 움켜쥐며 이 흙 알갱이 수만큼의 생일을 갖고 싶다고 했어요."

오비디우스의 『변신이야기』가 전하는 그녀의 말입니다.

영원한 삶을 꿈꿨던 그녀, 그녀는 어떤 모습으로 그 꿈을 이루었을까요? 웬일인지 그녀는 아폴론의 사랑을 받아들이지 않습니

동쪽으로 동쪽으로 걸어가면,

남쪽으로 남쪽으로 걸어가면

태양마차를 모는 아폴론을 만날 수 있을까요?

그러면 나는 카산드라가 될까요?

시빌레가 될까요?

잠시 아폴론에 매혹된 죄로

고독한 운명을 살아야 했던 여인들이

실제보다도 더 실제인 것처럼 나를 자극합니다.

조반니 바티스타 티에폴로, 「아폴로와 다프네」, 1755~1760, 워싱턴 D.C., 미국 내셔널 갤러리

다. 그러자 아폴론은 사랑을 심술로 갚습니다. 흙 알갱이 수만큼의 생일을 허락하면서 청춘을 허락하지는 않은 거지요. 청춘을 잃어버린 채 천 년을 살아야 하는 시빌레, 영원한 삶의 무게에 짓눌린 그녀가 고백합니다.

"어느새 행복한 시절은 내게 등을 돌리고 병약한 노령이 떨리는 걸음으로 다가오고 있는데 나는 그것을 오랫동안 참고 견뎌야해요……. 아폴론 자신도 나를 몰라보거나 나를 사랑조차 한 일이 없다고 하실 겁니다."

천 년의 세월이 오히려 저주가 됐습니다. 그녀는 늙어가며 작아져가며 마침내 왜소해지며 죽기를 소원하는 볼품없는 존재가 되었습니다. 기가 막히지 않나요? 영원한 생명을 구할 게 아니라 영원한 젊음을 구해야 했다고 훈계하시렵니까? 꿈을 꿀 때는 확실한 그림을 그려야 한다고 말입니다. 그런데 그럴 수 있을까요? 존재하는 것이나, 잃어버리지 않은 것은 꿈꾸지 못하는 법입니다. 그것이 모든 꿈이 나사가 하나 빠진 채로 이루어지는 이유입니다.

이루지 못한 꿈은 집착으로 남고, 이루어진 꿈속에선 내 삶의 허방이 보이지 않나요? 그러니 그 삶의 허방에서 다시 시작할 수밖에 없습니다. 미켈란젤로의 「쿠마이의 시빌레」가 시선을 끄는

미켈란젤로 부오나로티,
「쿠마이의 시빌레」, 1510,
바티칸, 시스티나 성당

것은 시빌레를 불행에서 구원하고 있기 때문입니다. 그런데 그림 속 저 여인은 여인 같지 않지요? 나이가 있으나 여전히 힘이 센, 믿음직스런 남자 같습니다.

미켈란젤로는 「쿠마이의 시빌레」를 왜 저렇게 그렸을까요? 사실 늙는 것이 문제인 것이 아니라 젊음에 집착하여 늙는 것을 받아들일 수 없는 것이 문제 아닙니까? 미켈란젤로에게 그녀는 아폴론과의 만남에서 시간이 멈춰버려 영원에 가까운 시간을 곰팡이 피우며 울분만을 토로하는 불쌍한 여인이 아닙니다. 그녀는 젊어지겠다고 발버둥치지 않고 여인임도 잊은 채 늙는 것을 받아들임으로써 편안히, 운명의 서책을 들여다보는 현자입니다. 그녀는 스스로를 빛내지 않음으로써 그녀의 말을 빛냅니다.

그녀가 말합니다.

"마침내 나는 눈에 보이지도 않게 되겠으나, 운명이 내게 목소리를 남겨놓아 사람들이 나를 목소리로 알아보게 될 거야."

어쩌면 그녀가 감당하고 있는 외로움은 빛나는 말을 간직하고 있는 자의 숙명이 아닐까요? 아니면 빛나는 말을 간직하고 있기 때문에 초라해지고 왜소해지는 상황을 덤덤히 넘길 수 있는 것인지도.

트로이의 공주 카산드라는 어떤가요? 아폴론을 만나 예언의 능력을 얻었으나 그의 사랑을 받아들이지 않자 역시 심술난 아폴론은 그녀의 말에서 신뢰성을 거둬가버립니다. 아무도 그녀의 예언에 주목하지 않고 그녀의 말을 믿지 않고 무시하는 거지요.

카산드라건 시빌레건 아폴론이 사랑한 무녀들에게 공통점이 있습니다. 아폴론, 태양의 신과의 만남이 빛나지 않았다는 것, 아니, 그로부터 받은 선물이 그들을 영원히 외롭게 만들었다는 것!

그들에게 아폴론의 사랑을 기꺼이 받아들여 사랑을 하는 것이 완전한 행운을 잡는 방법이었다고 훈계할까요? 천만에요. 그런 강요, 그런 계산으로 사랑할 수 있는 값싼 존재들이었다면 아폴론이 그들을 사랑했을까요?

아폴론이 사랑했던 여인들은 계산으로 시작한 사랑을 꾸역꾸역 구겨 넣고 초라해진 삶을 보상받고자 화려하게 꾸미는 여인들이 아닙니다. 그들은 하나같이 고유한 자기 운명을 받아들이는 것으로 아폴론을 긴장시켰던 직관의 여인들, 디오니소스적 감성을 가진 여인들이었습니다. 그러고 보면 이성의 신, 아폴론이 끌리고 있는 것이 보이지요? 그것은 감성이고, 직관입니다.

죄는 예언에 힘이 붙지 않는 것도, 젊지 않은 모습으로 살아가는 것도 아닙니다. 사랑하고 싶지 않은데 사랑하지 않는 것도 죄가 아닙니다. 죄는 사랑을 거래한 것입니다. 나는 늘 엄친아 아폴론이 연애를 못하는 이유가 궁금했습니다. 사랑을 살 수 있다고 믿는 그 성정 때문에 모든 것을 갖춘 엄친아 아폴론이 진정으로 사랑하는 여인을 갖지 못하는 거, 아닐까요? 자기 느낌을 존중하고 직관이 발달된 사람들은 사랑을 거래할 수 있다고 믿는 아폴론 같은 존재에게 굴복하지 않으니까요.

존 윌리엄 워터하우스, 「아폴론과 다프네」, 1908, 개인 소장

그러고 보니 아폴론이 마음속에 있는 잘난 사람은 사랑의 상처를 통해 자기의 이면을 봐야 할 것 같지요? 위고의 시는 그런 사람들에게 운명이고 진실입니다.

"오, 사랑이여! ……너는 신을 인도해왔고, 너의 화살로 상처를 입었다."

헤르메스
자유, 오 자유!

헤르메스, 태어난 그날 도둑질을 한 신이지요? 이복형 아폴론의 젖소를 훔치고도 태연자약, 어머니의 동굴 속으로 돌아가 놀고 있었던 바로 그 신입니다.

태어나 어머니 마이아의 동굴 밖으로 나온 헤르메스가 처음 본 것은 거북이었습니다. 가만히 거북이를 관찰한 헤르메스가 처

---

* 헤르메스Hermes(로마명: 메르쿠리우스Mercurius; 영어명: 머큐리Mercury): '신들의 사자(使者)'이며 목부(牧夫). 나그네·상인·도둑의 수호신. 날개 달린 모자와 신을 신고, 뱀을 감은 단장을 짚으며, 죽은 자의 망령을 저승으로 인도한다.

음으로 한 일이 무엇이었는지 아십니까? 거북이 등짝으로 수금의 울림통을 만들고 갈대로 현을 만들어 수금을 연주한 일입니다. 그다음으로 한 일이 바로 아폴론의 소를 훔쳐 구워 먹고는 흔적을 지우고 동굴로 돌아와 시치미를 떼고 앉은 일입니다.

헤르메스의 첫날이 재밌습니다. 동굴 속에서 태어나고, 악기를 만들어 희로애락을 실어 연주하고, 불을 피워 고기를 굽고, 화가 난 아폴론에게 거짓말을 하고! 헤르메스의 첫날은 지난 70만 년 동안 호모 에렉투스에서 호모 사피엔스 사피엔스로 진화해온 인류의 발자취를 요약하고 있다는 생각이 듭니다. 불을 발견한 호모 에렉투스는 고기를 구워 먹은 덕택에 머리가 좋아졌겠지요? 동굴 속에 살면서 손으로 악기를 만들어 신에게 음악을 바치며 스스로도 위로를 얻은 예술인, 호모 사피엔스 사피엔스까지 헤르메스는 인류가 걸어온 길을 첫날에 요약하고 있는 내면의 우리입니다.

헤르메스는 어린이의 이미지를 가지고 있습니다. 잠에서 깨어난 자 차라투스트라의 '어린이' 같습니다. 차라투스트라는 이렇게 말했습니다.

"어린이는 순진무구이며, 망각이고, 새로운 시작이며, 놀이이다.

아담 엘스하이머, 「필레몬과 바우키스의 집에 있는 제우스와 헤르메스」, 1608, 드레스덴, 회화관

생을 도둑질로 시작한 교활한 신
헤르메스는 이 세상의 질서를
옹호하거나 질서에 위배될까
전전긍긍하는 신이 아닙니다.
그는 놀이하는 어린이가
다양한 놀이와 논리를
만들어내는 것처럼
그때그때 세계를 창조해내는
자유의 표상이기도 합니다.
숙제를 놀이처럼 즐기는,
도무지 심각할 줄 모르는 신,
지하세계에서 천상세계까지
자유롭게 돌아다니는,
한계를 모르는 신,
그가 헤르메스입니다.

어린이는 스스로 굴러가는 바퀴이며, 최초의 운동이며, 신성한 긍정이다."

딱, 헤르메스입니다. 상처를 모르는 아이처럼 경쾌한 그 신의 이미지는 어디에서 만들어지는 걸까요? 어쨌든 그는 눈치 보지 않는, 내면의 아이가 우리 속에서 성장하고 있음을 일깨워주는 돌탑입니다. 실제로 '헤르메스'라는 이름은 돌무지란 뜻을 담고 있습니다. 여기까지 왔음에 감사하며 돌 하나 올려놓는 나그네의 기도가 모인 곳, 그곳은 길을 가는 나그네들이 제대로 길을 가고 있음을 확인해주는 이정표이기도 하고, 그 길에 들어설 미래의 나그네들을 위한 배려이기도 합니다.

소를 잃은 아폴론이 가만히 있었을 리 없지요? 그는 헤르메스를 찾아가 조목조목 따지지만 이성의 그물에 걸리지 않는, 이성을 우습게 아는 능청스런 헤르메스는 만만치 않습니다. 결국 제우스가 중재에 나섭니다. 헤르메스는 아폴론에게 아폴론이 탐을 내는 수금을 건네주고 아폴론의 소 떼에서부터 영혼을 인도하는 헤르메스의 지팡이까지 그가 원하는 모든 것을 얻습니다. 참 장사를 잘하지요? 그래서 그는 장사의 신이기도 합니다.

생을 도둑질로 시작한 교활한 신 헤르메스는 이 세상의 질서를

클로드 로랭, 「아드메토스의 가축을 지키는 아폴론이 있는 풍경」, 1645, 로마, 갈레리아 도리아 팜필리

도소 도시, 「제우스, 헤르메스, 미덕」, 1522~1524, 빈, 빈 미술사 박물관

옹호하거나 질서에 위배될까 전전긍긍하는 신이 아닙니다. 그는 놀이하는 어린이가 다양한 놀이와 논리를 만들어내는 것처럼 그때그때 세계를 창조해내는 자유의 표상이기도 합니다. 숙제를 놀이처럼 즐기는, 도무지 심각할 줄 모르는 신, 지하세계에서 천상세계까지 자유롭게 돌아다니는, 한계를 모르는 신, 그래서 스스로의 한계에 막혀 주저앉은 이에게 구원이 될 수 있는 신입니다.

살다보면 그럴 때가 있지요? 세상이 감옥 같고, 출구가 보이지 않을 때, 나를 손가락질하는 세상과 맞서 싸우느라 만신창이가 된 때, 그 누구와도 의사소통이 되지 않아 막막하기만 할 때, 그 때 내 안의 헤르메스를 불러내야 합니다. 나를 정죄하지 않고 온전히 내 편이 되어 괜찮다며 피리를 불어주고 수금을 연주해주고 날개를 달아주는 신을. 헤르메스는 우리 사는 세상의 법이 전부가 아님을. 아니, 우리를 규정하고 판단하고 우리에게 그렇게 살도록 요구하는 '선'이 단지 하나의 선입견이고 색안경임을, 아이들이 장난치듯 알려주는 우리 안의 어린이입니다.

헤르메스가 그럴 수 있는 것은 무엇보다도, 존재하는 것들을 찬찬히 관찰하고 섬세히 음미할 수 있기 때문입니다. 그에게는 이래야 한다, 저래야 한다는 규범이 중요하지 않습니다. 그에게 중요한 것은 그것이 왜 그렇게 나타나는지, 왜 그렇게 움직이는지 그 상황과 처지를 이해하는 일입니다. 그를 움직이는 것은 당위가 아니라 호기심이니까요. 그는 이성을 존중하는 것이 아니라 감각을 사랑합니다. 그의 이성은 감각입니다.

그를 자유롭다 할 때 그 자유는 그 어떤 규범에도 구속되지 않으면서도 스스로의 규범을 만들어내는 자신감이며 상황을 주도적으로 끌고 가는 능동성입니다. 태어나자마자 거북이를 관찰하고, 아폴론의 소를 관찰한 그가 아닙니까. 아폴론의 성향을 간파하고, 제우스의 성향을 간파해서 스스로 누울 자리를 만들었던 꾀돌이가 바로 헤르메스입니다.

법의 의지가 아니라 자기의 의지를 세우고, 이성의 칼로 재단하기보다는 감각의 호기심과 노는 일을 좋아하는 헤르메스가 영혼의 안내자라는 것이 자연스럽지 않습니까? 그가 인도하는 길에서 챙기게 되는 것은 착하게 살았는가가 아니겠지요? 아폴론의 '이성'이나 '규범'도 아니겠습니다. 제우스나 헤라의 '권력'도 아니겠지요? 그와 함께 챙기게 되는 것은 '자유롭게 살았는가', '자기 의지를 내고 살았는가'일 것입니다. 차라투스트라의 어린이 찬가는 이렇게 이어집니다.

"형제들이여, 창조의 놀이를 위해서는 신성한 긍정이 필요하다. 정신은 이제 자기 자신의 의지를 원하며, 세계를 상실한 자는 자신의 세계를 획득하게 된다."

헤르메스를 보고 쓴 것 같습니다.

지옥을 안내하는 안내자라는 점에서 헤르메스를 하데스의 현현이라고도 합니다. 어쩌면 지옥의 신 하데스가 거의 지상에 나

장-바티스트-마리 피에르, 「아그라울로스를 돌로 바꾸는 헤르메스」, 1763, 파리, 루브르 박물관

타나는 일이 없어 보였던 것은, 없어 보였던 것일 뿐 실은 다른 방법으로 나타났던 것이 아니겠습니다. 우리에겐 죽음을 보다 친근하게 느끼도록 도와주는 헤르메스가 있었으니까요.

헤파이스토스

분노를 정화하는 대장간

아름다움의 여신 아프로디테와 전쟁의 신 아레스는 거침이 없는 성격이라는 점에서 닮았습니다. 자기중심적인 생명력의 표본 같습니다. 그 둘이 사랑을 했습니다. 열정 많고 분노 많고 눈치를 모르는 커플의 결합이니 얼마나 격정적이었을까요? 밖은 이미 환한데도 전쟁의 신은 곤히 잠들어 있습니다. 아프로디테는 진작 일어나 단장을 하고 있고, 전쟁의 신의 무기는 이미 아이들의 장난감

---

* 헤파이스토스Hephaestos(로마명: 불카누스Vulcanus; 영어명: 벌컨Vulcan): '불과 대장간의 신'. 아프로디테의 남편.

이 되었는데도 말입니다.

이 그림을 통해 보티첼리가 표현하고 싶었던 것은 무엇이었을까요? 사랑은 본디 전쟁의 신마저 무장해제하게 만드는 거침없는 욕망이란 것이었을까요?

사랑한다면 저들처럼 해야 할까요? 그런데 저 상황을 아프로디테의 남편 헤파이스토스 입장에서 보면 어떨까요? 마누라가 용서할 수 없는 못된 놈과 바람이 난 것입니다. 그것도 세상에서 가장 아름다운 아내 아닙니까? 미의 여신 아프로디테는 추의 신 헤파이스토스에게 최고의 보물이었겠습니다. 보물이 손을 탄 것입니다. 당연히 헤파이스토스의 분노는 하늘을 찌릅니다.

당신이라면 물불 가리지 않고 사랑에 자신을 던진 아프로디테와 아레스 편을 드시겠습니까, 아니면 어찌 그럴 수 있느냐며 분노하는 헤파이스토스 편을 드시겠습니까? 어쨌든 헤파이스토스가 분노하여 신들을 소환했을 때 신들이 그의 편을 들지 않고 그냥 웃기만 했다는 것은 그가 얼마나 모양 빠지는 신이었었는지를 증명해줍니다.

대장장이 신 헤파이스토스를 아시지요? 그는 올림포스 열두 신 가운데 유일하게 일하는 신입니다. 어머니 헤라를 위해 황금

산드로 보티첼리, 「비너스와 마르스」, 1485년경, 런던, 런던 내셔널 갤러리

의자를 만들고 아버지 제우스를 위해 벼락을 만들고 그렇게 잘 보이기 위해 열심히 뭔가를 함에도 불구하고 그는 아버지, 어머니로부터 인정받지 못한 아들입니다. 있는 그대로의 나 자신을 인정받고 사랑받지 못할 때, 인정받기 위해 사랑받기 위해 기를 쓰는 인물의 안타까움이 헤파이스토스에게 있습니다. 거기에 그의 몸과 마음이 비틀린 이유가 있는 거 아닐까요?

열 손가락 깨물어 아프지 않은 손가락이 없다고 하지만 반지 끼워주게 되는 손가락이 있고, 자꾸만 깨물게 되는 손가락이 있지 않나요? '나'의 면류관인 자식이 있고, '나'의 그림자인 자식이 있습니다. 아폴론과 헤르메스가 제우스의 면류관이라면, 헤파이스토스와 아레스는 제우스의 분노의 하수구였습니다. 제우스는

틴토레토, 「아프로디테, 헤파이스토스, 아레스」, 1545~1550, 뮌헨, 알테 피나코테크

왜 그렇게 헤파이스토스와 아레스를 미워했을까요?

아들을 미워하고 못마땅해하는 아버지들이 있습니다. 공부를 못한다고, 대든다고, 놀기만 한다고, 모자란다고. 소심하다고, 사고만 친다고.

그런 아버지일수록 정작 아들을 모릅니다. 아들이 무엇을 좋아하고 무슨 꿈을 꾸는지, 어디서 좌절하며 어디서 울고 싶어 하는지. 어떤 친구들과 사귀며 왜 그런 친구들과 사귀는지. 아침 일찍 나갔다가 밤늦게 들어와 자기 돈으로 살아가는 자식을 가끔 '성적'으로나 점검하면서 기대에 미치지 못하는 아들에게 훈계한답시고 화를 내며 그것을 사랑이라 여기는 아버지라면, 그런 아버지가 잘나가는 아버지일수록 아버지의 그늘이 품어내는 기대와 분노에 아들은 질식합니다. 아버지 때문에 불행한 아들이 생각보다 많이 있습니다.

자식은 부모의 훈계에 반응한다기보다 그림자에 반응합니다. 부모의 기대에 부응한다기보다 부모의 행동에 부응합니다. 부모의 바람에 따라 성장하지 않고, 부모가 자식을 향해 품어내는 정서적 울타리에서 성장합니다. 헤파이스토스와 아레스의 정서가 분노인 것은 절대적으로 아버지 제우스 때문입니다.

어머니 헤라를 위해 황금의자를 만들고
아버지 제우스를 위해 벼락을 만들고
그렇게 잘 보이기 위해 열심히 뭔가를 함에도 불구하고
그는 아버지, 어머니로부터 인정받지 못한 아들입니다.
있는 그대로의 나 자신을 인정받고 사랑받지 못할 때
사랑받기 위해, 인정받기 위해 기를 쓰는 인물의 안타까움이
헤파이스토스에게 있습니다. 거기에
그의 몸과 마음이 비틀린 이유가 있는 거 아닐까요?

알레산드로 티아리니, 「에로스의 화살을 갈고 있는 헤파이스토스」, 1621~1624,
레지오 에밀리아, 카사 디 리스파르미오 재단

안토니 반 다이크, 「헤파이스토스의 대장간을 방문한 아프로디테」, 1630~1632년경, 빈, 미술사박물관

그러나 생은 나의 것이어서 언제까지나 어머니, 아버지 탓만 하고 살 수는 없는 일입니다. 어른이 된다는 것은 탓하고 싶은 그것이 바로 나를 낳은 부모였음을 인정하는 것입니다. 그래야 내 안의 상처를 돌보고 살 수 있고, 그래야 나를 키운 것은 8할이 바람이었다는 고백에 힘이 붙습니다.

아레스와 헤파이스토스, 당연히 분노를 풀어내는 방식이 다릅니다. 아레스는 자기 안의 분노를 바깥세상으로 분출하는 방식입니다. 왜 사랑을 해도 전쟁 같은 사랑을 하고, 늘 막장 드라마를 만들며 존재감을 드러내야 직성이 풀리는 사람들이 있지 않나요? 그 사람이 있는 곳에 언제나 분쟁이 있고 전쟁이 있는 사람, 아레스 같은 사람입니다. 상처를 확대 재생산하는 사람인 거지요.

반면 헤파이스토스는 자기 안의 분노의 에너지를 창조적인 작업으로 승화하고 있습니다.

올림포스 열두 신에 이름을 올렸음에도 불구하고 정작 올림포스에서는 환영받지 못했던 헤파이스토스가 좋아했던 곳, 그를 진정시켰던 편안한 곳은 바로 대장간이었습니다. 담금질을 해야 하는 대장장이의 신으로서 불은 중요하지만, 그 불은 정화의 불이라기보다 분노의 불입니다. 스스로 되는 일이 없다고 믿는 자의 분노 말입니다. 대장간은 헤파이스토스가 그 불을 다스려야 하는 곳입니다.

헤파이스토스가 로마에 가면 불카누스(vulcanus)라 불립니다. 라틴어 불카누스는 땅속의 불(vulcano)에서 왔습니다. 심화(心火)가 연상되지 않습니까?

헤파이스토스는 자기만의 대장간에서 뭔가를 만들며 그 불을 창조적인 에너지로 바꾼 존재입니다. 그는 뭐든 잘 만들었습니다. 포세이돈의 삼지창도, 하데스의 보이지 않게 만들어주는 투구도 모두 그의 작품입니다. 그가 만든 작품은 최고의 것들이지만 적어도 그에게는 그 유용성보다는 대장간에서 시간을 보내며 불을 살피고 담금질을 하는 행위 자체에 의미가 있는 거란 생각이 들었습니다.

마음속의 분노가 부글부글 끓어올라 삶이 붕괴되는 느낌일 때가 있지요? 그때는 내 마음속 헤파이스토스에게 올림포스가 아니라 대장간으로 가는 길을 물어야 하는 때입니다.

아레스

내 안의 전사

트로이 전쟁의 최고의 영웅은 아킬레우스겠지요? 호메로스의 『일리아스』는 아킬레우스의 분노에서 시작합니다. 사랑하는 친구를 잃은 그의 분노에 헥토르가 죽습니다. 그의 분노 안에는 슬픔이 있습니다. 소중한 것을 잃은 자의 상실의 슬픔이. 그 분노는 트로이의 보물 헥토르를 잃고 목숨 걸고 아킬레우스에게 찾아와서

* 아레스Ares(로마명: 마르스Mars; 영어명: 마스Mars): '전쟁의 신'(軍神). 제우스와 헤라의 아들. 야만적인 전투를 좋아하며, 언제나 그리스가 아닌 다른 민족의 편에 섰다. 로마의 건국자 로물루스의 아버지다.

아들의 시신을 돌려달라 호소하는 트로이의 왕 프리아모스의 슬픔을 마주하며 잦아듭니다.

아킬레우스, 그의 하늘은 그리스가 아닙니다. 그의 하늘은 그 안에 있습니다. 그는 누구 말도 듣지 않고 자기 의지로 판단하고 행동하는 용장입니다. 그는 종종 트로이 최고의 엄친아 헥토르와 비교됩니다. 그를 보면 확실히 머리를 쓰는 조용한 지장(智將)보다 자기 직관에 의지하는 용장(勇將)이 매력적이라는 것을 알겠습니다.

그다음의 용장은 누구일까요? 바로 전쟁의 신 아레스의 배를 찌른 아르고스의 왕 디오메데스입니다. 그런데 궁금합니다. 충동적이기보다 사색적인, 겸손한 영웅 디오메데스의 창이 어떻게 무시무시한 전쟁의 신 아레스에게 상처를 입힐 수 있었을까요? 바로 전쟁의 여신 아테나가 디오메데스를 도왔기 때문입니다.

『일리아스』에 따르면 아버지 제우스조차 아레스를 미워했습니다. 그런 사람이 있지요? 주변을 전쟁터로 만드는 사람, 마음의 용량이 작아서 고통을 삼키지 못하고 조그마한 자극에도 벌컥 화를 내고, 화를 키우고, 화가 되는 사람, 그래서 주변을 불쑥불쑥 불바다로 만드는 사람. 마음이 아레스에게 사로잡혀 아레스에게

일 구에르치노, 「아프로디테, 아레스, 에로스」, 1633, 첸토, 피나코테카 치비카

코스탄티노 체디니, 「그물에 걸려 놀라는 아프로디테와 아레스」,
18~19세기, 파도바, 팔라초 에모 카포딜리스타

소중한 것을 지키기 위해 나를 걸어야 할 때가 있습니다.
제대로 살기 위해 전쟁을 해야 할 때가 있습니다.
나를 지키기 위해서라도 나에 집착하지 않고
나를 버려야 할 때가 있습니다.
말과 논리에 얽매이지 않고 몸으로 나서야 할 때,
용기가 최상의 지혜일 때, 내 안의 아레스는
그 '때'를 알려주는 지혜의 보고입니다.

꼼짝 못하는 사람입니다.

제우스의 관점에서 아레스는 못마땅한 아들입니다. 『일리아스』에서도 아버지 제우스는 아레스가 못마땅해 질책하고 저주합니다. 아레스가 아버지의 기대에 미치지 못해 남자로서 자신감을 잃었으면서도 남자이고 싶어 난폭해진 폭탄이 된 것은 어쩌면 자연스럽습니다.

그러니 아레스도 할 말이 있겠습니다. 평가하고 채찍질하고 저주하는 자가 힘세고 거친 아버지일 때 그 울타리에서 숨이 막히는 아들의 세상에 어떻게 평화로울 수 있겠습니까? 제우스와 아레스는 서로를 미워하며 서로에게 업이 된, 피할 수 없는 인연이 겠습니다. 아레스의 부정적인 측면입니다. 그러나 아레스가 그렇게 부정적이기만 할까요?

그나저나 난폭한 남신보다 지혜의 여신이 힘이 세다는 것은 무엇을 말하는 걸까요? 똑같은 전쟁의 신이더라도 그리스는 호전적인 아레스보다는 머리를 쓰는 지략가 아테나를 사랑했던 거지요. 그러나 로마에 오면 달라집니다. 전쟁을 통해 유럽은 물론 아프리카로, 아시아로 영토를 넓혀갔던 로마에서 마르스로 불린 아레스는 화려한 영웅입니다.

무엇보다도 마르스는 로마를 건설한 로물루스와 레무스의 아버지가 됩니다. 마르스의 호전성은 로마의 본능이자 뿌리가 되는 것입니다. 당연히 마르스는 무시할 수도 없고 무시해서도 안 되는 최고의 신이 됩니다.

이 아레스, 마르스가 인상적인 만화가 있습니다. 바로 신일숙 선생의 『아르미안의 네 딸들』입니다. 신들이 인간 세상에 개입하고 인간이 신들을 느끼며 살았을, 페르시아가 세계사의 주역이었던 기원전 5세기, 그리스와 페르시아 지방이 배경인 만화입니다.

거기서 전쟁과 파멸의 신 에일레스는 여전사 샤리를 사랑합니다. 사랑인 줄 모르고 시작한 사랑이었습니다. 그럴 수밖에 없습니다. 그는 전장에서 피를 보면 생명들이 죽어가는 것을 아무 느낌 없이 봐야 하는 차가운 심장의 파멸의 신이었으니까요. 그에게 따뜻한 피가 도는 사랑은 낯선 정서를 넘어 불편하고 두려운 것이었습니다. 생명에 대한 감수성이 생기면 전쟁의 신이 어떻게 전장을 피바다로 만들 수 있겠습니까?

처음에 전쟁의 신은 사랑을, 사랑하는 사람을 피해 다닙니다. 지금껏 살아온 관성을 유지하기 위해, 지금의 나를 지키기 위해.

조제프 브누아 쉬베,
「미네르바와 마르스의 대결」,
1771, 릴, 릴 미술관

그래서 니체가 꿰뚫었나봅니다. 나의 가장 큰 적은 나 자신이라고. 피바다를 보기 위해 냉혹하고도 대담했던 전쟁의 신의 두려움, 그것은 사랑이었습니다. 그러나 사랑을 피하고 어찌 제대로 살겠습니까? 안에서부터 원하는 것을 무시하고 '지킨다'는 것의 의미를 어찌 배우겠습니까? 소중한 것이 생기고 나서야 전쟁의 신은 비로소 진정한 싸움의 의미를 배우지 않겠습니까?

소중한 것을 지키기 위해 나를 걸어야 할 때가 있습니다. 제대로 살기 위해 전쟁을 해야 할 때가 있습니다. 나를 지키기 위해서라도 나에 집착하지 않고 나를 버려야 할 때가 있습니다. 말과 논리에 얽매이지 않고 몸으로 나서야 할 때, 용기가 최상의 지혜일때, 내 안의 아레스는 그 '때'를 알려주는 지혜의 보고입니다.

디오니소스
고통을 축복으로 바꾸는 광기

사랑이 외로운 건 운명을 걸기 때문이라면서요? 사랑하는 사람
은 운명을 나눠 가집니다. 디오니소스는 합일의 힘을 아는 사랑
의 신입니다. '나'도 사라지고 세상도 사라지는 합일의 경지 속에
디오니소스가 있습니다. 황홀한 불꽃으로 타오르는 신성, 그 신성
을 사랑하는 도취의 신, 그가 디오니소스입니다.

• 디오니소스Dionysos(로마명: 바쿠스Bacchus, 리베르Liber; 영어명: 다이어나이서스Diony-
  sus, 바커스Bacchus): '술(포도주)의 신'. 제우스와 세멜레의 아들로, 자연의 생성력과 포도·포
  도주를 다스린다. 올림포스 12신에는 해당하지 않는다.

그러나 그가 그렇게 되기까지 그의 생은 고통과 고난의 연속이었습니다. 젊고 어린 날 죽음의 고통까지 겪어야 했던 굴곡진 운명 속에서 그의 운명이 만들어집니다. 그와 연결되는 자, 그 비극적 운명을 나눠 가져야 합니다. 월터 F. 오토는 『디오니소스 신화와 숭배』에서 이렇게 말했습니다.

"축복받은 사랑의 신 디오니소스는 동시에 박해 속에서 죽어간 고통 받은 신이며 그렇기 때문에 그의 사랑을 받거나 그를 보살핀 이는 모두 비극적 운명을 나눠야 한다."

디오니소스는 니체의 신이라고도 합니다. 올림포스 12신 중 유일하게 인간 여인에게서 태어난 존재감 없는 신, 그것도 비극의 주인공인 신은 유럽 문명에서 별로 인기가 없었습니다. 그러나 니체는 그 신을 너무 사랑했습니다. 그는 광기의 신 디오니소스에게서 우리 생의 비밀을 푸는 열쇠를 발견했습니다. 말년의 니체의 정신병은 디오니소스를 사랑해서 디오니소스의 비극적 운명을 나눠 가진 자의 필연적 귀결인지도 모르겠습니다.

디오니소스의 어머니는 테베의 공주 세멜레입니다. 그녀는 바람둥이 제우스의 사랑을 거부하지 못하고 제우스와 사랑에 빠져 디오니소스를 임신합니다. 제우스의 아내 헤라가 가만히 있을 리

살면서 디오니소스처럼

자신이 찢어지는 경험을 한 적이 있으십니까?

총 맞은 것처럼 심장이 아파본 적이.

심장처럼 소중한 것을 잃어버리고

까마득하게 찾아드는 절망감을 이기지 못해

내가 나를 다시 한 번 짓밟으며 찢으며

삶의 감옥에서 무력하게 스스로를 태워본 적이.

사랑의 기쁨을 충만하게 누리지 못해

집착으로 남은 사랑이 나를 지옥의 불로 던져 넣은 적이.

미치지 않으면 살아갈 수 없어 미친 채로 떠돌아다닌 적이.

티치아노 베첼리오, 「바쿠스와 아리아드네」, 1520~1523, 런던, 런던 내셔널 갤러리

줄리오 노마노와 제자들, 「디오니소스의 탄생」, 1530년경,
로스앤젤레스, 장 폴 게티 미술관

가 없지요? 헤라는 늙은 유모로 변장해서 세멜레에게 의혹을 심습니다. 제우스의 본 모습을 본 적이 있느냐고. 사랑한다면 본래의 모습을 봐야 할 것 아니냐고.

제우스와 만나던 날, 사랑에 눈이 먼 제우스가 그녀가 원하는 모든 것을 들어주겠다고 약속하자, 세멜레는 본래의 모습을 보여달라고 간청합니다. '약속'에 발목이 잡힌 제우스는 벼락의 신으로 화했고, 제우스의 본 모습을 감당할 수 없었던 세멜레는 그 자리에서 타죽었습니다.

모로의 그림 「제우스와 세멜레」가 재미있는 것은 제우스가 들고 있는 연꽃입니다. 세멜레가 죽어 있는데도 제우스는 연꽃을 들고 있고, 세멜레의 나신은 더없이 아름답습니다. 모로는 사랑으로 죽을 수 있는 상황을 비극으로 보지 않는 것 같지요? 오히려 제우스가 들고 있는 연꽃이 사랑의 절정에서의 죽음이 최상의 복이라는 인상을 줍니다. 저 상황에서도 평정심을 유지하고 있는 제우스는 무슨 깨달음을 얻은 걸까요? 세멜레가 죽고 그의 허벅지에서 생을 보존한 디오니소스가 그에게는 연꽃이었나 봅니다. 디오니소스는 최고의 권력자 제우스에게는 낯설기만 한 '모성'을 일깨워준 독특한 아들이었으니까요.

제우스의 벼락으로 세멜레는 죽었으나 아버지 제우스의 허벅지에서 다시 태어난 디오니소스는 그 신성한 벼락 덕택에 신성을 얻었습니다. 디오니소스란 이름은 '두 번 태어난 자'란 뜻입니다. 제우스의 머리에서 태어난 아테나가 자연스럽게 지혜의 신이 된 것처럼 제우스의 허벅지에서 태어난 디오니소스는 충동의 신, 광기의 신이 됩니다.

제우스는 헤라의 눈을 피해 디오니소스를 세멜레 언니 부부에게 맡깁니다. 그런데 이번에는 이모 부부가 미쳐서 디오니소스를 죽이려 했습니다. 헤라의 계략인 거지요. 그때 아버지 제우스가 그를 구합니다. 디오니소스는 신성한 산, 나사 산 동굴에서 치유의 시간을 보냅니다. 거기서 그의 영원한 스승 실레노스를 만나 자연의 비밀에 눈을 뜨고 술 만드는 법을 배우게 되는 겁니다.

디오니소스가 광기의 신인 것이 이해가 되지 않습니까? 자애롭고 깊은 사랑의 손에 이끌려 서로 쓰다듬고 다독이는 삶을 배워야 할 시기에 엄마를 빼앗기고 엄마 노릇을 하는 사람이 공격해 대는 그런 삶의 허방을 만나 피를 철철 흘려야 했으니. 자기 십자가에 끌려 다니며 미친 채로 방랑해야 했던 디오니소스가 그 고통 속에서 본 것은 일자(一者)였습니다.

귀스타브 모로, 「제우스와 세멜레」(부분), 1895, 파리, 귀스타브 모로 미술관

조반니 벨리니, 「어린 디오니소스」,
1505~1510년경, 워싱턴 D.C.,
미국 내셔널 갤러리

　살면서 디오니소스처럼 자신이 찢어지는 경험을 한 적이 있으십니까? 총 맞은 것처럼 심장이 아파본 적이. 심장처럼 소중한 것을 잃어버리고 까마득하게 찾아드는 절망감을 이기지 못해 내가 나를 다시 한 번 짓밟으며 찢으며 삶의 감옥에서 무력하게 스스로를 태워본 적이. 사랑의 기쁨을 충만하게 누리지 못해 집착으로 남은 사랑이 나를 지옥의 불로 던져 넣은 적이. 미치지 않으면 살아갈 수 없어 미친 채로 떠돌아다닌 적이.

디오니소스는 그런 운명의 박해 속에서 고통을 겪으며 거기서 그 고통의 에너지를 축복으로 바꿔내는 존재입니다. 그는 미칠 수밖에 없는 지옥불의 시간을 거치면서 누구보다도 고통을 잘 통과하는 방법을 알아낸 신이었습니다.

모든 개인은 저마다 자기 십자가를 지고 있지요? 자기 십자가에 끌려다니면서 고통에 사로잡히고 싶지 않으면 십자가와 자신을 분리해야 합니다. 우리 속에는 그걸 가능하게 하는 내재신이 존재합니다. 그 내재신은 살면서 '나'를 삼킨 고통을 바라보고 관조하는 일자(一者)이기도 합니다.

고통의 파고가 일어나 디오니소스의 몸을 찢듯 내 마음을 찢고 나를 파괴하고 있을 때 드라마를 보듯, 남의 이야기를 듣듯 거리를 두고 고통의 춤을 바라보고 있노라면 어느새 나는 경험 너머에서 경험을 가능하게 하는 그 무언가에 도달하는 길 위에 있습니다. 부활한 디오니소스와 동행하는 거지요. 그러면 고백할 수 있게 됩니다.

'나는 최악의 순간을 아는 최고의 순간을 사랑한다.'

그리고 '나는 그 최고의 순간까지도 툭툭 털어낼 줄 아는 인생을 사랑한다.'

제3부

신의 아이 페르세우스

우리 아이들은 내가 마음대로 해도 되는 나의 소유물이 아니다.
페르세우스가 그랬던 것처럼 그들은 나를 찾아온 신의 아이다.
신의 아이를 내 마음대로 키울 수는 없다.
그들은 그들 마음속의 열정을 따라 성장해야 한다!

왜 페르세우스인가?

나를 찾아온 신의 아이

나는 조카 바보입니다. 조카들만 보면 그냥 뿌듯합니다. 그런데 그 사랑이야말로 나팔꽃보다 짧았습니다. 조카들이 중학교에 들어가면서부터 고모의 조카사랑은 짝사랑이 되었으니까요.

  사랑은 주는 자의 것이라면서요? 내가 사랑하는 사람이니 내 사랑이 짝사랑이 되는 건 나쁘지 않은데, 중학생이 된 내 사랑들

---

* 페르세우스Perseus: 그리스 신화에 나오는 대표적인 '영웅'이자, 제우스와 다나에의 아들. 폴리데크테스의 명령을 받아 괴물 메두사의 목을 베어 죽이고, 귀국하면서 바다의 괴물로부터 안드로메다를 구출하여 아내로 삼았다.

피에로 디 코시모,
「안드로메다를 구출하는 페르세우스」,
1513~1515, 피렌체, 우피치 박물관

은 처음으로 삶 속에서 그들의 부모와 갈등을 겪고 있었습니다. 그들에게 조금이라도 나은 미래를 선사하기 위해 현재를 희생하고 공부하라고 몰아대는 부모와, 부모의 울타리를 갑갑하게 느끼며 자기 방문을 닫아버리는 조카들을 지켜보면서 나는 과감하게 아이들 편을 들었습니다. 5년 전 그때, 큰집·작은집 조카들은 중1·중2·중3이었습니다. 그것은 그들의 미래에 대해 책임감 없이 사랑만 해주면 되는 고모의 특권이었습니다.

부모가 자식에게 주고 싶어 하는 것은 '안정'입니다. 실패 없이 사회가 성공이라 이름붙인 가도를 달리는 안정적인 삶, 그런 삶에 집착하는 한 격정은 위험하고 모험은 실패할 가능성이 높기 때문에 무시됩니다. 자기 열정을 무시당하고, 모험을 격려받지 못하는 인생은 자기 삶을 살 수 없습니다.

부모 세대와 자식 세대의 갈등은 심각합니다. 청소년 행복지수가 꼴찌, 자살률이 1위인 것은 우연이 아니겠습니다.

아이들에 대한 기대를 접지 못하는 부모를 보고 그 기대에 부응하기 싫은 아이들을 보면서 생각이 난 것이 페르세우스 신화였습니다. 그때 잡지 『행복한 동행』의 지면을 빌려 조카인 '태희에게 들려주는 페르세우스 신화'라는 제목으로 연재를 했습니다. 하지

테오도르 반 툴덴, 「아테나와 페가수스」, 1644, 로스앤젤레스, 장 폴 게티 미술관

만 나는 그 이야기를 자기 열정을 따라 자기 삶을 살고 싶어 하는 아이들에게가 아니라 그들의 부모에게, 삼촌에게, 이모에게, 고모에게 들려주고 싶었습니다. 아이들이 스스로 생각하고 괴로워하고 모험하는 시간을, 어렵겠지만, 지켜봐주고 기다려주라고.

우리 아이들은 내가 마음대로 해도 되는 나의 소유물이 아니라 페르세우스가 그랬던 것처럼 나를 찾아온 신의 아이입니다.

신의 아이는 내 마음대로 키울 수 없습니다. 그들은 그 마음속의 열정을 따라 성장해야 합니다. 그들이 그들의 여정에서 그들의 길을 갈 수 있도록 우리는 잠시 도울 수 있을 뿐입니다.

페르세우스는 소년이 어떻게 청년이 되는가, 그 여정을 보여주는 이야기입니다. 어머니의 섬을 떠나 메두사의 머리를 따와야 하는 페르세우스는 제우스의 아들이지 않았습니까? 페르세우스는 어디로 가야 할지 막막하기만 한 상황인데도 투정 한번 부리지 않습니다. 자기가 선택한 자기 길이기 때문입니다. 길 위에서 스스로의 길을 개척해가는 페르세우스 옆에선 때때로 헤르메스가, 아테나가 동행했습니다.

중요한 것은 그들의 도움이 아니라 페르세우스의 의지이고 페르세우스의 모험입니다. 스스로 의지를 내고 그 의지를 행동으로 옮기지 않으면 하늘은 도울 수 없으니까요. 오죽하면 하늘은 스스로 돕는 자를 돕는다 하겠습니까?

아이들이 자기 신의 인도를 받아 스스로의 길을 찾아가는 데 우리 어른들이 할 수 있는 것은 그 의지의 울타리가 되어주는 것이고, 그들의 삶을 그저 본 척 못 본 척 지켜봐주는 것입니다. 울타리가 감옥이 되면 아이들은 삶을 믿지 못하고 어른들은 아이

필리포 팔치아토레, 「페가수스의 탄생」, 1738, 나폴리, 두카 디 마르티나 박물관

들을 믿지 못합니다. 때때로 지켜보고 기다리는 것이 안타깝고 어렵다 해도 우리 젊은 날 우리들의 페르세우스를 상기하며 아이들을 이해해보시지요. 그러면 당신은 아이들이 어려울 때 찾아와 의논하는 헤르메스가 될 것입니다.

운명엔 나쁜 게 없다

왜 신화를 읽느냐고? 글쎄, 신화에 대한 태희 너의 인상은 뭐야?

황당한 허구라고? 그래, 그럴 수도 있어! 신화는 단순하지? 그렇다고 그 의미가 단순한 건 아니란다. 신화 속엔 우리의 이야기가 있어. 영화 「타이탄」 봤니? 바로 페르세우스 이야기잖아. 엄마의 섬 세리포스를 떠나 메두사의 목을 베어 온 그 영웅!

고모가 페르세우스 신화를 선택한 건 바로 너희들 이야기이기 때문이란다. 페르세우스 신화는 소년이 어른이 되는 이야기, 어떻게 소년이 멋진 어른으로 성장하는가, 하는 질문에 대한 응답이

자코모 베르제르, 「세리포스 섬 근처에서 구출되는 다나에와 아기 페르세우스」,
1805~1806, 밀라노, 피나코테카 디 브레라

야, 엄마와 둘이서 세리포스 섬에 살던 페르세우스가 엄마의 섬을 떠나는 이야기부터 해볼까?

'엄마' 얘기부터 해보자. 너의 할아버지가 돌아가셨을 때 지갑 깊숙한 곳에서 사진 한 장이 나왔단다. 그 사진은 고모 사진도 아니고, 너희 아버지 사진도 아니고, 할머니 사진도 아니었어. 할아버지가 끝까지 꼭꼭 가슴에 품고 가신 여인은 바로 당신의 어머니였어. 우리는 통곡했다. 엄마란 그런 존재야. 외로울수록 생각이 나는. 가장 깊이 믿을 수 있고 가장 큰 사랑을 흘려주는!

그런데 평생 엄마 울타리에서 살 수는 없지 않니? 나이가 들어서도 엄마 품에서 사는 사람은 행복한 사람이 아니라 '마마보이'라고 하잖니? 엄마를 떠나지 않고는 진정한 남자가 될 수 없어. 그런데 그것도 하루아침에 이루어지는 건 아니야. 연습과 훈련이 필요한데, 그 시작은 바로 나만의 공간이 절실해질 때인 거지.

사춘기가 시작되면 자기만의 공간이 필요해지잖아! 엄마가 좋은 얘기를 해줘도 잔소리로 들리고, 짜증이 나고, 화가 나지? 그건 정상이야. 그때는 화를 내지 말고 '아, 내가 엄마로부터 독립하고 싶은 거구나' 하고, 일단은 자기 자신의 마음을 알아주면 돼! 그래야 그 화내는 마음에 사로잡혀 화를 키우지 않을 수 있고, 엄마를 향해서도 '엄마를 사랑하지만 나도 나만의 시간과 공간이 필요해요'라고 합리적으로 얘기할 수 있는 거란다. 엄마로부터, 가족으로부터 독립하고 싶다는 건 나만의 세계를 구축하고 싶다는 얘기이거든. 그때 페르세우스가 엄마를 떠나는 장면을 상기해보는 거야. 자, 신화는 어떻게 되어 있지?

> "세리포스 왕 폴리데크테스는 구혼 선물을 모은다는 이유로 친구들을 불러 모았는데, 거기에 페르세우스도 포함되어 있었다. 페르세우스는 구혼 선물로 메두사의 머리를 바치겠다고 선언했다."

키워드는 '구혼 선물'이야. 옛날 그리스 도시 국가에서는 왕이 결혼을 하면 시민들이 축하 선물을 해야 했어. 선물이란 건 뇌물이 아니지? 뇌물은 은밀하고 어두운, 일종의 거래잖아. 반면 선물은 서로에게 기쁨이 되는 호의적 관계의 표시야. 그러니 누군가에게 뭔가를 선물할 때는 기꺼이 기쁜 마음으로 해야 하는 거고,

플랑드르 화파, 「메두사의 머리」, 16세기, 피렌체, 우피치 박물관

뭔가를 받을 때는 그것이 하찮은 것이어도 기꺼이 기쁜 마음으로 받아야 하는 거야.

그런데 왜 구혼선물이 그렇게 차이가 나지? 남들은 구하기 쉬운 말인데, 페르세우스는 왜 어렵디어려운 메두사의 머리일까? 여기서 "폴리데크테스 불공평한 놈, 나쁜 놈! 페르세우스를 힘들게 하다니." 그렇게 욕하고 끝나면 신화를 읽은 게 아니야.

생각해봐, 폴리데크테스는 누구일까, 아니면 무엇일까?

폴리데크테스는 '나'를 다른 세상으로 내모는 운명의 상징이 아닐까? 그건 좋은 것도 아니고 나쁜 것도 아닌 거야. 그린데노 폴리데크테스가 나쁜 놈으로 보이는 것은 선택의 여지를 주지 않기 때문이지. 길게 보면 운명엔 나쁜 건 없어. 수긍하지 못한 게 있을 뿐이지. 어쨌든 폴리데크테스는 페르세우스를 새로운 세상으로 내모는 계기인 거야. 폴리데크테스 때문에 페르세우스는 메두사의 머리를 베러 떠나야 하니까.

두려운 상황은 폴리데크테스로 인한 것이긴 하지만 그에게 모든 책임을 전가하며 그 사람 뒤에 숨기만 하는 사람이 되어선 안 돼. 왜 그런 사람, 있지? 이건 이 사람 때문에 망쳤고, 저건 저 사람 때문에 망쳤고, 그건 그 사람 때문에 망쳤다고 늘 원망만 하는 사람! 그런 사람치고 매력적인 사람 없어!

탓하는 건 우리가 모자랐을 때 동정을 사는 방법인데, 그게 버릇이 되면 곤란해. 페르세우스가 메두사의 머리를 가져오기 위해 엄마를 떠나고 고향을 떠나는 상황을 봐. 형식은 어쩔 수 없이 내몰린 거지만 찬찬히 생각해보면 페르세우스의 선택이야. 왕에게 "메두사의 머리도 거절하지 않겠다"고 의지를 다지고, 그 의지의 말을 공표한 건 페르세우스 아니니? 페르세우스의 무의식이 알았던 거지. 엄마를 떠나 이제 스스로 쟁취해야 하는 과제가 있다는 걸. 그게 메두사의 머리로 나타난 거야.

다음엔 메두사의 의미를 짚어보자.

메두사의 머리

메두사가 누구지? 머리카락 한 올 한 올이 뱀인 여자야. 살아 있는 생명체에 따뜻한 마음을 품을 수도, 온정 어린 시선을 보낼 수도 없는 차가운 여자지. 메두사는 그 냉정하고도 무서운 시선 때문에 누구든 쳐다보기만 해도 돌이 되는 사악한 힘을 가졌어. 한마디로 악몽 같은 여자지.

   그런 여자를 만나면 삶이 완전히 돌처럼 굳어져 망가지겠지? 돌처럼 굳어진다는 건 두려움에 사로잡혔다는 거지? 두려움 때문에 자기가 누군지도 잊고 그래서 자기 삶을 살지 못한다는 뜻

구스타프 클림트, 「미네르바(팔라스 아테나)」, 1898, 빈, 빈 미술관 카를스플라츠

이잖아.

그런데 메두사가 처음부터 그런 여자였던 건 아니야. 원래는 아름다운 여인이었어. 보기만 해도 가슴이 시원해지고 심장이 팔딱팔딱 뛰는. 특히, 머릿결이 비단결 같았대. 신화에서 머릿결은 원초성 또는 지혜의 상징인데, 메두사의 머릿결이 비단 같았다는 건 지혜로웠다는 뜻이야.

아름다운 여인 메두사는 아테나 신전을 지키는 사제였단다. 그녀는 아테나를 닮았을 거야. 아름답고 지혜로웠겠지. 그런데 왜 그토록 아름답고 지혜로운 여인이 흉측한 괴물이 되었을까? 그녀는 자신의 머릿결이 아테나의 머릿결보다 아름답다고 공개적으로 떠들고 다녔어. 아라크네가 자신이 아테나보다 옷감을 잘 짠다고 떠들고 다니다가 거미가 된 것 알고 있지? 남보다 뛰어나다고 믿는 거기가 그 사람의 함정인 거야.

더구나 메두사는 아테나의 신전에서 바다의 신 포세이돈과 사랑을 나누었단다. 아테나와 포세이돈은 사이가 좋지 않았어. 아테네를 누가 통치할 것인가를 두고 경쟁한 적이 있거든. 아테나는 포세이돈을 경계했는데, 메두사가 아테나의 집에 포세이돈을 끌어들인 거야. 모독을 참지 못하는 아테나의 성전에! 아테나를 존

앨리스 파이크 바니, 「메두사」, 1892,
워싱턴 D.C., 스미소니언 미술관

중했다면 할 수 없는 일이잖아? 메두사는 아테나가 자기 위에서 숭배를 받는 게 싫었을 거야. 당연히 아테나는 화가 났겠지?

이런 신화적 사건들은 종종 아무리 재능이 있어도 신과는 겨루려고 하면 안 된다고 해석되기도 해. 글쎄, 그럴까? 사람은 언제나 장점 때문에 무너진단다.

처음 사제가 됐을 때 메두사는 아테나 신전을 찾는 사람들에게 따스한 위로가 됐을 거야. 그녀는 지혜로운 여인이었으니까. 그

발다사레 페루치, 「페르세우스와 페가수스」, 1510~1511, 로마, 파르네시나 별장

러자 사람들은 차츰 그녀를 따르기 시작했겠지. 그녀도 사람들이
자기의 말에 따라 변하는 게 좋았을 거야. 자기가 일러주는 대로
행하지 않으면 화도 냈을 거고. 좋은 소리만 듣고 싶었을 거야. 당
신 때문에 길을 봤다, 당신의 지혜에 감복했다, 당신의 아름다움
에 놀랐다는 등.

그러다가 아테나 신전을 지키고 있으니 아테나를 닮아 지혜로
운가봐, 하는 소리도 들었을 거야. 싫었겠지. 난 아테나보다 지혜
로운데, 하는 마음이 들고 나서는.

칼로 일어난 자는 칼로 망한다고 하지? 그건 무력에 대한 것만
은 아니야. 언제나 자신이 장점이라고 믿고 칼처럼 휘두른 것, 거

기가 그의 무덤이야.

그러면 장점을 버려야 할까? 장점은 버려야 하는 게 아니라 잘 발전시켜야지 하는 거지? 다만 장점 속에 갇히지 말라는 거지. '나'의 장점인 거지, 내가 완전히 전매특허 낸 내 소유가 아니라는 거야. 그래서 신이 아닌 거고.

왜 예쁜 사람은 예쁜 사람을 참지 못하고, 공부 잘하는 사람은 공부 잘하는 사람을 참지 못하잖아. 예쁘다는 말을 많이 듣고 자란 사람 중에는 누가 자기 말고 다른 사람을 예쁘다고 하면 아, 그래. 그 사람 예쁘지, 하고 동의해주는 게 아니라 걔가 뭐가 예쁘냐며 토를 다는 사람도 있지? 때론 분에 못 이겨 화를 내기도 하잖아. 그게 예쁘다는 장점에 사로잡힌 거야.

공부 잘하는 학생도 자기보다 공부 잘하는 아이가 있으면 일단은 싫잖아. 무시당하는 것 같고. 실은 무시당한 게 아니라 뽐내고 싶은 마음이 상처 입은 거잖아. 그게 공부 잘한다는 장점에 갇힌 거야. 여학생들에게 인기 있는 남학생은 자기보다 인기 있는 남학생이 나타나면 속상하지? 이 역시 같은 이치란다.

'나'의 길이어서 어렵다

메두사의 머리카락이 뱀으로 변한 건 지혜를 소유하려 했기 때문이라 했지? 지혜를 사유화하려는 순간, 지혜는 도망간단다. 그게 메두사의 머리카락이 변한 이치야. 메두사의 머리카락 한 올한 올이 뱀의 형상이라고 했지? 사실 뱀은 지혜를 상징하는 동물이란다. 여자를 유혹해서 선악과를 따 먹게 한 것도 뱀이지? 뱀은인식의 나무가 뭔지 알고 있었던 지혜로운 존재였지.

뱀은 허물을 벗잖아. 그래서 재생과 부활의 상징으로 보는 거야. 그런데 머리카락이 온통 뱀인 메두사는 왜 아름답지 않고 그

페르낭 크노프, 「잠든 메두사」,
1896, 개인 소장

토록 흉측했을까? 그 모습은 지혜는 소유할 수 없다는 것을 보여
주는 은유라고 생각해. 지혜는 모든 것을 제자리로 흐르게 하는
바람 같은 건데, 그걸 소유하려는 순간 메두사처럼 되는 거야. 스
치고 지나가는 바람에게서 배워야 해. 아무리 지혜라고 해도, 쓰
고 난 뒤에는 반드시 돌려줘야 하는 거야.

단테 가브리엘 로세티,
「메두사의 목」, 1867, 개인 소장

어떻게 돌려줄까? 물건도 아닌데?

돌려준다는 것은 오만하게 뽐내면서 상황을 붙들고 있지 말라는 뜻이야. 어떤 일을 지혜롭게 처신했으면 그것은 내가 한 일이라고, 그러니 '나'를 알아달라고 설치지 말라는 거지.

메두사가 스스로 지혜의 여신 아테나보다 내 머릿결이 더 아름답다고 떠들고 다닌 건 지혜를 사유화하려 한 거잖아. 인간은 돌려주지 못하는 순간 망가진단다.

페터 파울 루벤스, 「메두사의 머리」, 1618, 빈, 빈 미술사 박물관

영화 「반지의 제왕」의 골룸을 기억하지? 스메아골이었을 때 그는 사물의 뿌리에 대해 관심이 많았던 식물학자 아니었니? 그런데 절대 반지에 매혹되어 그것을 자기 것이라 우기면서 얼마나 비틀리고 왜소해지고 흉측해졌니?

메두사의 머리카락은 모두 뱀이야. 더 이상 그녀는 지혜로운 여인이 아니지. 오히려 지혜의 여신에게 버림받은 모습이잖아. 메두사의 모습은 나보다 지혜로운 자는 없다고 뽐내는 사람의 자화상인 거야. 자신이 온통 지혜의 이데아라고 굳게 믿어버리는 순간 우리 모두는 흉측한 메두사처럼 스스로에게 갇힌 사악한 존재가 되는 거야. 자, 우리의 페르세우스가 바로 그런 그녀의 목을 베러 떠나야 하는 거지. 어려운 일이야.

그런데 이상하지? 다른 사람들은 왕에게 구하기 쉬운 말을 바치면 되는데, 왜 페르세우스는 어디 사는지도 모르는 메두사의 목을 베어다 바쳐야만 하는 걸까? 왜 페르세우스의 과제만 그렇게 특별하고 그렇게 어려운 것일까? 표면상으로는 페르세우스를 싫어하는 세리포스 왕의 계략이지. 페르세우스를 어머니 다나에로부터 떼어내려는! 그런데 표면 아래에 이면이 있겠지?

너희들은 사는 게 쉽니? 사춘기가 되면 자의식이 생기지? 하고 싶은 일도 있고, 하기 싫은 일이 있잖니? 하고 싶은 일을 하기 위해 하기 싫은 일을 징검다리로 건너야 할 때도 있고. 물론 하기 싫은 일을 하지 않기 위해 하고 싶은 일을 참아야 하는 때도 있고. 다 나름의 전략인 거지.

누구나 하고 싶은 일을 막으면 반항도 하고, 하기 싫은 일을 시키면 저항도 하지. 그게 자의식이 생기는 징조야. 그렇게 자의식이 생겨나면서 자신의 길을 생각하게 되지. 언제나 남의 길은 쉬

안 고사에르트, 「다나에」, 1527, 뮌헨, 알테 피나코테크

위 보이는데 '나'의 길은 독특하고 어렵다고 느끼지. 내가 태어난 존재이유가 있고 내게 어울리는 '나'만의 길이 있는 것 같긴 한데 그 길이 어떤 건지도 잘 모르겠고, 어떻게 그 길을 발견하고 걸을 수 있는지도 막막하기만 하지?

그렇게 '나'의 길은 메두사의 목을 베이 오라는 명령을 들은 페르세우스처럼 기막힐 정도로 어렵게 느껴지는 거야. 나 혼자만 정처 없이 떠다니는 느낌, 혹은 나 혼자만 고립된 느낌! 내 인생만 무거운 느낌! 그것이 '메두사의 목'이라는 어려운 과제로 드러난 걸 거야.

그래도 가야지. 아니, 그래도 가게 되어 있어. 이제 뛰쳐나가고 싶을 때, 울고 싶을 때는 고독한 페르세우스를 생각해봐. 그러면 힘이 날 테니까.

자, 이제 페르세우스가 어떻게 세리포스 섬을 떠나는지 이야기해보자.

엄마의 섬을 떠날 때

엄마의 섬을 떠나는 페르세우스를 다시 한 번 생각해보자. 그동안 아버지 역할을 해준 디텍스는 물끄러미 페르세우스를 배웅했을 거야. 그런데 디텍스는 누구지? 다나에와 페르세우스가 세리포스 섬에 들어와 살게 되었을 때 그 모자(母子)의 울타리가 되어준 남자니까 실질적으로는 아버지지?

그는 폴리데크테스 왕의 형이었어. 그렇지만 왕과는 대조적인 인물이란다. 현자니까. 권력지향적인 왕과 모든 것을 다 내려놓고 고기나 잡는 어부! 재미있지 않니? 왕과 현자는 잘난 남자의 두

벤베누토 첼리니,
「메두사의 목을 들고 있는
페르세우스」, 1545~1553,
피렌체, 우피치 박물관

왜 신들은 처음부터 메두사의 목을 베는 방법을
알려주지 않았을까.
인생엔 지름길이 없어.
거쳐야 할 과정이 꼭 있어야 하는 거야
과정을 거치면서 힘이 붙는 거야.
내가 성장하지 않으면
하늘의 도움도 받을 수 없단다.

얼굴이기도 할 거야.

디텍스는 동요 없이 고요한 눈빛으로 떠나는 페르세우스를 조용히 배웅했을 거야. 그 태도에서 페르세우스는 다시 한 번 자신이 떠나는 일이 예정되어 있는 것이고, 가야만 하는 길임을 확신했겠지. 더 이상 그는 엄마의 섬에서 행복할 수 있는 어린아이가 아님을, 이제 그는 엄마를 지킬 수 있는 어른이 되어야 함을 말이야. 호들갑 떨지 않으면서 조용히 아들의 길을 축복해주는 것이, 남자가 되는 게 어떤 일인지 아는 아버지의 태도이고 역할 아니겠니?

디텍스의 배웅을 받는 길에서 페르세우스는 그동안 자기 몸처럼 친숙했던 바위섬이 갑자기 낯설었을 거야.

왜 그럴 때 없니? 정들었던 곳을 떠나야 할 때 갑자기 그곳이 낯설게 느껴지는 거! 그게 정을 떼기 위한 방법이기도 하고, 돌아올 곳이라면 기억하기 위한 방법이기도 하지. 낯설어야 의미가 각인되잖니?

페르세우스의 기억 회로는 때로는 심술궂은 친구처럼 그를 궁지에 몰기도 하고, 때로는 바닷가의 바람이나 햇살, 갈매기들을 머릿속에 간직해두며 다짐하게 하지. 반드시 메두사의 목을 가지

파리스 보르도네, 「페르세우스를 무장시키는 헤르메스와 아테나」, 1540~1545, 버밍엄, 버밍엄 미술관

고 돌아와 여태껏 보호해준 엄마와 엄마의 섬을 지키겠다고.

그런데 어느 경우에서도 디텍스를 아버지라 칭한 페르세우스 신화는 없어. 디텍스는 실질적인 아버지인데 왜 그럴까? 이상하지 않니? 그건 페르세우스가 제우스의 아들임을 강조하기 위한 걸 거야. 영웅은 모두 신의 아들인 거지. 한 사람의 인생 속에서 드러나는 신성의 신비를 본 고대인들의 지혜가 페르세우스를, 테세우스를, 헤라클레스를 신의 아들로 묘사한 거겠지.

그것도 세상의 중심인 하늘의 신 제우스의 아들이라고 말이야.

그런데 왜 이걸 강조해야만 할까? 잔난 척하기 위한 건 아니라고 했지?

살다보면 숱한 어려움이 있잖아. 어렸을 때는 몰랐던 두려움도 생기고. 이런저런 일들로 속상하고 우울하고 외로우면 나 혼자 아무 곳에도 끼지 못한 이방인의 느낌이 들기도 하지? 그렇게 가라앉기 시작하면 마침내는 우울증에 걸릴지도 몰라. 그때 떠올려야 하는 거야. 아, 내 겉모습은 이렇게 지치고 볼품없지만 그래도 나는 신의 아들이야, 하고 말이야. 당연히 내 안에는 누구도 훼손할 수 없는 신성이 있고, 그것이 내 길을 인도할 거라고 믿어. 그러면 차분해지면서 눈을 감게 돼. 자기를 돌아보는 습관이 생기는 거야.

신화로 돌아가보자. 원전은 길지 않아.

"그래서 그(페르세우스)는 헤르메스와 아테나의 인도를 받으며 포르코스의 딸들인 에뉘오와 페프레도와 데이노를 찾아갔다. 그들은 고르곤들(메두사와 자매들)과는 자매간으로 날 때부터 노파였다. 그들 셋은 하나의 눈과 하나의 이밖에 없어 그것들을 서로 돌려썼다."

그 힘들고 어려운 날에, 페르세우스가 헤르메스와 아테나의 인도를 받았네! 봐, 하늘은 스스로 돕는 자를 돕지? 자기 길을 걷는 자는 혼자일 때도 혼자가 아니야.

사실 페르세우스가 메두사의 목을 가지러 갈 땐 무엇부터 해야 하는지조차 막막하지 않았겠니? 그런데 헤르메스가 나타나 메두사의 행방을 알고 있는 세 노파를 찾아가게 도와주잖아.

그런데 이상하지? 왜 처음부터 메두사의 목을 베는 방법을 알려주지 않았을까? 아예 신들이 메두사의 목을 베어주면 그것이 제일 간단할 텐데?

지금은 알아듣기 힘들겠지만 인생에서 지름길은 없단다. 거쳐야 할 과정이 꼭 있어야 하는 거지. 과정을 거치면서 다음 과정을 일굴 수 있는 의지가 생기고 힘이 붙는 거야. 내가 성장하지 않으면 하늘의 도움을 받을 수 없단다. 사실은 온 천지가 도와주려는 신들의 손길인데, 우리 귀가 열리지 않아서 듣지 못하고, 눈이 뜨이지 않아서 보지 못하고 잡지 못하는 거야.

내 안의 헤르메스

페르세우스의 과제는 뭐였지? 그래, 메두사의 목이지? 그러면 메두사가 사는 곳을 알아야 하잖아. 그런데 이 신녀들이 어디 사는지 어떻게 알겠어? 그때 페르세우스는 헤르메스의 도움을 받는단다.

헤르메스가 누구지? 제우스가 사랑했던 아들, 헤르메스는 전령사들의 신이지? 쉽게 말하면 우체부야. 세금 고지서를 전달하는 우체부가 아니라 하늘의 것들을 인간에게 전하는 우체부란다. 제우스는 머리가 좋고 동작이 민첩한 헤르메스를 곁에 두고 우체부로 썼던 거야.

에드워드 번 존스, 「불길한 목」, 1885~1887, 슈투트가르트, 슈투트가르트 주립 미술관

사람이 죽으면 육체는 흙으로 돌아가고 영혼이 남는다고 하잖아. 헤르메스는 영혼이 저승으로 가는 길을 인도해주는 저승사자이기도 하단다. 그러니 헤르메스가 얼마나 바쁘겠니? 하늘에서 땅으로, 땅에서 지하세계로, 지하세계에서 다시 하늘로……

그렇게 천지를 다니는 헤르메스는 나그네의 신이기도 해. 길을 가다보면 생각지도 않은 곳에서 새로운 길을 만나기도 하지? 그것이 길을 떠나보지 않고는 알 수 없는 불가해한 매력이잖아. 남도 몰랐던 길을 안내하는 신비한 현상, 그걸 헤르메스의 짓이라 하는 거야.

일반적으로 헤르메스는 공간이동의 상징이기도 해. 지하세계에서 하늘까지, 제우스의 심부름을 다니니까 빠르고 민첩해야 할 것 아니니? 신화의 형식적인 내용은 그래.

그런데 곰곰이 따져 읽으면 거기에도 비밀이 숨어 있단다. 제우스의 심부름이라면, 지하세계까지도 거리낌 없이 가는 신이 헤르메스야. 그러니까 헤르메스의 공간이동 능력은 두려움이 없고 자유로운 성향을 나타내는 거 아닐까? 사실은 지하세계를 본 사람만이 하늘을 볼 수 있을 거야. 그런 의미에서 단테의 『신곡』이 「지옥편」에서 시작하는 건 우연이 아니야.

페터 파울 루벤스, 「필레몬과 바우키스와 함께 있는 제우스와 헤르메스」, 1625년경, 빈, 빈 미술사 박물관

그런데 지하세계를 두려워하지 않는 너희 속의 헤르메스는 어떤 걸까?

예를 들면 이런 거야. 왕따 당하는 친구들 있지? 혹은 스스로 나쁘게 굴면서 사람들이 다가서는 걸 막는 친구들 말이야. 그런 친구들이 학창시절 지하세계의 한 풍경일 거야. 헤르메스는 그런 친구들과 사귀는 걸 마다하지 않아. 길을 인도하는 내 속의 헤르

주세페 바치갈루포, 「필레몬과 바우키스」(부분), 1790년 이전, 제노바, 팔라초 두라초 팔라비치니

메스를 믿고 그런 친구들과 사귀어보렴. 왜 그 친구는 그렇게 이상할 수밖에 없는지, 왜 늘 화가 나 있는지. 그 친구 입장에서 이해하며 함께 놀아봐. 그게 너희 속 헤르메스가 하는 일이야. 친구의 헤르메스가 되면서 너의 헤르메스를 만날 수 있을 거야.

또 다른 양상이 있어. 고모가 헤르메스적 경험이라고 이름 붙인 개인적인 경험인데, 응, 아주 개인적인 거야.

열이 39도까지 올라 자꾸 눕고 싶은데, 너희 할머니가 해열제를 주면서 학교에는 가라는 거야. 그땐 그랬어, 왜 그렇게 학교 가는 데 목숨을 걸었는지. 일단 가서 앉아 있기 힘들면 조퇴하고 오라는 거야. 할머니는 틀린 소리 안 하시는 분이니까 보통 때라면 잘 들었을 거야. 그런데 그날은 괜히 심술이 나서 못 가겠다고 말을 자르고는 약도 먹지 않고 누웠어. 내 의지를 따라 할머니를 배반하고 학교에 가지 않은 경험이잖아.

작지만 지나고 보니까 소중한 경험이었어. 고모는 동생이 셋이나 있었으니까 늘 양보하고 부모님 말씀이면 무조건 따르는 것을 당연하게 생각했는데, 때로는 이기적으로 구는 게 필요하다는 걸 배운 것 같아. 부모 형제도 침해해서는 안 되는 게 내가 아플 자리, 내가 나를 사랑할 자리라고 말이야. 이게 고모가 기억하는 헤르메스와의 첫 만남이야.

우리는 좋은 시민이 되어야지? 남에게 해를 끼쳐서는 안 되고, 선행을 베풀어야지? 부모님께 효도하고, 나라에 충성해야 하고. 공동체를 위해 나를 희생할 줄도 알아야 하고, 어떤 일이든 최선을 다해야 하고, 친절해야 하고!

그렇지만 좋은 시민으로 성장하는 건 우리가 가져야 할 여러 얼굴 중 하나일 뿐이야. 때론 이기적으로 자기를 지킬 필요도 있고, 무례할 정도로 선을 그어야 할 때도 있는 거야. 늘 착하고 친절하게 살겠다고 다짐할 필요는 없단다. 그거야말로 착한 사람 콤플렉스에 지나지 않아.

그 헤르메스가 페르세우스에게 그라이아이 자매들이 있는 곳을 알려주었어. 메두사의 행방을 알고 있는 세 자매! 그들이 어떤 존재인지, 아니?

그라이아이 세 자매

그렇지? 헤르메스의 도움은 그라이아이 세 자매가 있는 곳을 알려준 것까지야. 이 자매는 재미있는 여자들이란다. 알지? 태어날 때부터 할머니였다잖아. 말이 좋아 세 자매지, 하나의 눈과 이빨밖에 없어서 서로 돌려썼다지?

일단 숫자 3에 대해 생각해보자. '3' 하면 생각나는 게 뭐니? 성부, 성자, 성령 삼위일체! 그러니까 완성의 숫자지? 완성의 숫자는 많아. 3, 4, 5, 12……. 물론 의미는 다르지. 3은 4에 비해 역동적이야. 동서남북 사방을 가리키기도 하는 4는 진짜 안정적이잖

에드워드 번 존스, 「페르세우스와 바다의 님프들」, 1877, 사우샘프턴, 사우샘프턴 시립 미술관

아. 바퀴가 네 개 있는 자동차와 세 개 있는 삼륜차를 비교해봐. 얼마나 차이가 있는지.

3은 아직 완성되지 않은 완성이야. 그래서 3이 완성의 숫자로 등장할 때는 역동적인 드라마가 펼쳐진단다. 삼위일체의 기독교가 얼마나 역동적으로 '전도'를 하니? 눈에서 계속 피눈물을 흘리고 있다는 복수의 여신도 셋이잖아. 복수의 여신 에리니스가 하는 일은 복수할 일을 찾는 거겠지? 얼마나 드라마틱하니? 3은 변화가 일어나는 시간에 대한 암시거든.

이제 흰 머리 노파 그라이아이 세 자매를 상상해봐. 번 존스의 그림은 너무 아름다워 상상을 방해한다고? 아마 번 존스는 그라이아이 세 자매를 통해 페르세우스가 얻은 변화가 얼마나 귀한 것인 줄 아는 까닭에 그렇게 그렸을 거야. 그래, 번 존스의 그림은 그림대로 보고 너희의 상상을 해봐.

그라이아이 세 자매, 각기 다른 이름이 있어. 데니오('무서운'), 엔뉘오('전쟁을 좋아하는'), 펨프레도('깜짝 놀라게 하는')! 그라이아이는 노파들이란 뜻이고. 이름도 무시무시하지? 어쨌든 각기 다른 이름이 있는 것으로 봐서 한 몸은 아니겠지? 그래, 사람이 다른 거잖아. 그런데 세 사람이지만 눈도, 이빨도 하나뿐이야. 상상해봐! 그 모습을. 얼마나 흉하겠니? 더구나 처음부터 늙은이라니.

이빨이 하나라는 건 제대로 먹지 못한다는 뜻이지. 그런 사람에게 삶의 탄력이 생길 수 있겠니? 눈도 하나야. 제대로 보지 못하는 사람이 오글오글 모여 있는 형상이잖아. 얼마나 편협하겠어! 보기만 해도 징그러워서 눈을 감고 싶지 않겠니? 페르세우스가 거기를 통과해야 하는 거야. 그게 뭐겠어?

그라이아이 세 자매는 우리가 두려워해서 마주하고 싶지도 않고, 생각하고 싶지도 않은 현실 아니겠니? 넌 무엇이 두렵니? 무엇이 너를 숨 막히게 하니? 하지만 너를 경직시키는 곳, 그곳이 다음 단계로 가야 할 징검다리야.

응? 아빠가 사라질까봐 두렵다고? 그렇구나, 태희는 1년 동안 객지에서 일하신 아빠 없이 보낸 시간이 허전했구나. 일 때문에 늘 밤늦게 들어오시고, 때론 외박도 해야 하는 아빠 때문에 생각이 많아졌구나. 무슨 생각을 했어?

매일매일 놀아주고 얘기 들어주던 아빠가 며칠씩 집을 비우는 걸 보고, 저래야 우리 가정이 유지되는구나, 생각했다고? 그렇게 피곤에 지친 아빠가 사라지면, 자신이 하고 싶은 것도 못하면서 식구들을 책임지는 거라 느꼈다고? 그래서 아빠가 오래오래 건강

카라바조, 「메두사의 머리」, 1597, 피렌체, 우피치 박물관

하게 옆에 있었으면 좋겠다고? 태희를 보니 벌써 어른이구나. 아빠를 보면서 책임감을 배우고 느낀 거네.

사실 고모와 비슷한 나이의 남자는 하고 싶은 일과, 하고 있는 일이 정말 달랐어. 대부분 자기가 해야 할 일을 하다가 원하는 일이 뭔지 잊어버리기도 했고. 책임감에 묻혀 살았거든. 너희들이 두려워하는 건, 원하는 일을 팽개치고 하고 싶지 않은 일을 하는 거잖아. 책임감만 남아 있는 삶이 그라이아이 자매처럼 흉측한 거지? 그런데 거기에 열쇠가 있는 거네.

자, 페르세우스는 어떻게 했지? 그라이아이 세 자매의 눈과 이빨을 빼앗았어! 이름에서부터 전쟁을 좋아하는 무서운 공포인 그라이아이 자매를 두려워하지 않고 맞서 싸웠다는 이야기야. 그러고는 물었지. 메두사가 어디 사느냐고. 메두사의 행방을 알려주기 전엔 너희들의 눈과 이빨을 돌려주지 않겠다고. 심술 맞은 그라이아이 세 자매가 할 수 없이 메두사의 행방을 알려주게 되는 거야. 그게 바로 길 위에서 길을 찾는 거 아니겠니?

자기가 두려워하는 것과 맞서 싸울 수 있는 용기 있는 자, 그가 영웅인 거야. 대부분 두려워하는 것에 정면으로 맞서지 않고 피해가거나 도망치지? 그러면 안전하기는 하지만 성장이나 성숙은 일어나지 않아.

경험을 소유하려 할 때

페르세우스는 드물게, 끝까지 행복했던 영웅이야. 아킬레우스는 트로이 전쟁에서 전사했고, 오이디푸스는 사랑하는 모든 것을 잃고 장님이 된 뒤 키타이론 산으로 들어가야 했어. 아내의 질투로 죽을 뻔한 헤라클레스도 오이테 산에 들어가 스스로 장작더미 위에 누웠어. 이아손은 아내 메데이아의 손에 사랑하는 아들들이 죽는 걸 봐야 했고. 이처럼 신화 속 영웅들은 나라를 되찾고 행복하게 산 경우가 거의 없어. 왜 그럴까?

꽃이 아름다운 것은 지기 때문이고 영웅이 감동을 주는 건 마

에드워드 번 존스 「페르세우스와 안드로메다」, 1876, 애들레이드, 사우스 오스트레일리아 미술관

페르세우스를 만나기 전 안드로메다에겐
약혼자가 있었어. 피네우스라고.
피네우스는 안드로메다가 무엇이 필요한지 몰랐어.
안드로메다가 바다절벽 위에 제물로 묶여 떨고 있을 때
그는 아무 일도 하지 않았어. 비겁했던 거지.
여자는 사랑에 비겁한 남자 옆에서는
생기가 돌지 않아. 사랑하지 않는단다.

지막 순간을 살기 때문이라지? 영화 「트로이」 봤니? 거기서 아킬레우스가 그러잖아. 신이 인간을 질투한다고 말이야. 그때 인간은 소인배들이 아니라 영웅이겠지? 그런데 신은 왜 영웅들을 질투할까?

신은 영원히 살기 때문에 마지막 순간을 살 수 없어. 마지막 순간을 사는 인간의 비장미, 그런 걸 느껴볼 수 없다는 뜻일 거야. 진다는 건 온 힘을 다해 피었다는 뜻이고, 마지막 순간을 산다는 건 뒤를 남기지 않고 살아왔다는 뜻이지. 마지막 순간을 사는 영웅들이 '결혼해서 행복하게 오래오래 살았습니다'라고 하면 얼마나 진 빠지겠니?

그런데 페르세우스는 묘한 영웅이야. 배신을 당하지도 않고, 감당하기 힘든 질투를 받아본 적도 없고, 그러면서도 자기 과업을 일군 행복한 영웅이잖아. 고모가 너희들과 페르세우스 신화를 이야기하는 이유도 너희들이 당당한 어른으로 성장하기를, 행복하기를 바라는 마음 때문일 거야.

페르세우스의 그 묘한 운명은 그의 성격에서 기인한 것 같아. 그는 자신의 행적에서 늘 배우며 성장하는 영웅이야. 집착을 떨쳐낼 줄 아는 담백한 인물인 거지. 그라이아이 세 자매와 싸울 때도 그랬어. 메두사의 행방을 알아내고는 그라이아이의 눈과 이빨을 돌려준단다. 그는 목적을 이루는 데 사용한 도구를 수집하는 인물이 아니야. 그런 걸 모아두는 일이 없었어. 궁극적 목적인 메두사의 머리를 얻은 뒤에도 그것을 아테나에게 돌려준단다. 너희들은 어때?

너희들이 집착을 떨쳐낼 줄 아는 담백한 인물인지, 집착이 많은 욕심꾸러기인 줄 모르겠다고? 그건 분명히 구별할 수 있어.

일단 너희들 방에 가보면 알지. 잡동사니로 넘쳐나는 어수선한 방인지, 필요한 물건만 있는 소박한 방인지, 아니면 중간쯤인지⋯⋯. 방은 주인을 닮잖아. 자기 방을 잡동사니로 넘쳐나게 둔다면 페르세우스 같은 사람이 아니지. 페르세우스는 그라이아이 세 자매의 눈과 이빨을 돌려주잖아. 보통 사람이면 그라이아이 세 자매와의 모험을 기억하기 위해서라도 자기 방에 눈과 이빨을 전시해뒀을 거야. 아마 메두사의 머리도 그랬을지 몰라. 그러면 어떨까? 자기 보물로 가득한 방이 남에겐 잡동사니 가득한 방일 수도 있어.

경험은 하는 거지 소유하는 게 아니야. 소유하려 할 때부터 새로운 경험이 생기지 않고 과거의 패턴을 반복하거나 퇴보할 수밖에 없어.

생각해봐. 그라이 아이의 눈과 이빨을 돌려주지 않고 페르세우스가 가지고 있다고. 그렇다면 그라이아이 세 자매가 페르세우스를 포기하겠니? 끝까지 쫓아다니며 페르세우스를 방해했을 거야. 그러면 페르세우스는 평생 그라이아이 세 자매와 싸울 일밖에 없겠지? 그런 상황인데 무슨 삶의 진보가 일어나겠니? 뭔가 쌓아두기 시작하는 건 자기 삶이 곪기 시작한다는 뜻일지도 몰라. 새로운 삶은 하나의 삶을 정리하고 버려야 생기니까.

우리가 잡동사니를 과감하게 버리지 못하고 보물처럼 쌓아두는 이유가 뭘까? 그게 언젠가 필요할까봐 아니니? 그래서 우리 옷장은 입지 않은 옷으로 넘쳐나고, 우리 책장은 보지 않는 책으로 무겁고, 우리 발밑은 놀지 않은 장난감으로 거치적거리는 거야.

필요 없는 건 치워야 해. 지금부터 과감히 치워봐. 오래된 장난감은 동네 아이들에게 나눠주고, 다 본 책은 친구들과 돌려 보고, 입지 않은 옷은 재활용센터에 보내. 그러면 일단 좁기만 한 방이 달라 보일걸? 정돈하는 습관은 나를 들뜨지 않게, 산만하지 않게, 차분하게 만들어준다. 그것이야말로 새로운 경험에 대한 준비일 거야.

직관을 따라가라

스티브 잡스, 멋있지? 멋있게 살다간 남자잖아. 그의 매력은 뭘까? 일단 돈? 돈 많은 사람은 많아. 그렇지만 우리가 돈이 많다고 스티브 잡스를 존경하진 않잖아. 그렇다면 편리한 컴퓨터 세상을 열어준 끝없는 혁신일까? 글쎄, 사람들이 그것만으로 이렇게 깊게 애도하진 않아.

　고모가 생각하기에 잡스의 진짜 매력은 직관이야. 파도는 바다에서 생기지만 파도가 바다는 아니잖아. 잡스가 벌어들인 천문학적인 돈과 그 돈을 벌게 만든 혁신은 직관의 춤이 만든 파도일 뿐이야. 그는 직관을 따라 산 자, 직관이 살아 있는 자였어.

페르세우스의 매력도 거기 있어. 바로 직관! 감이라는 거 있잖아. _그걸_ 비이성적인 것이라 억압하지 않고 버려두지 않고, 감을 믿고 감에 따라 메두사를 찾아간 거야.

페르세우스는 다른 사람의 견해에 따라 움직이지 않았어. 다른 사람이 모두 '말'이 목적이었을 때 그의 목적은 '메두사' 아니었니? 메두사는 머리카락 한 올 한 올이 모두 사람을 위협하는 뱀이라고 했지? 멧돼지처럼 엄니가 밖으로 튀어나온 메두사는 자기 앞의 모든 존재를 물어뜯는 괴물이었잖아. 페르세우스의 사명은 무시무시한 그 괴물의 목을 가져오는 거였어! 대적할 사람이 없는 강한 메두사와 싸워야 했던 거지. 남들이 보기에 그런 길을 떠나는 페르세우스가 얼마나 무모했겠니?

아마 페르세우스 자신이 이성적으로 생각해봐도 무모한 용기였을 거야. 그런데도 메두사를 찾아가는 험난한 길을 피하지 않았어.

왜 그랬을까?

자신도 모르는 자신감, 무의식적인 사명을 인식했기 때문이겠지. 그냥 할 수 있을 것 같은 느낌 있잖니? '어쩐지' 그걸 하지 않고는 살아도 사는 것 같지 않은 느낌, 그 느낌이 인도하는 대로

귀스타브 모로, 「페르세우스와 안드로메다」, 1870, 브리스톨, 브리스톨 시티 박물관 & 아트 갤러리

가면 역경도 자연스레 수긍하게 되잖아. 그게 자기를 믿고, 감을 믿고, 직관을 믿는 거야. 메두사와 싸우러 가는 페르세우스기 그랬던 거지.

스티브 잡스도 그랬지? 스탠퍼드 대에서 했던 연설은 그런 그의 삶을 그대로 보여주고 있어. 죽음의 그림자라고 할 수 있는 췌장암에 걸린 상태에서 한 연설이라 더욱 힘이 실리는 거야. 그래, 너도 수행평가 때문에 그 연설을 들었다며!

"모든 외형적인 기대, 자부심, 실패의 두려움……. 그런 것은 죽음 앞에서 아무것도 아닙니다. 죽음은 인생에서 큰 결정을 내리는데 도움을 주는 가장 중요한 도구입니다."

죽음 앞에서 그가 얻은 지혜는 이것이었어.

"다른 사람의 견해가 내면의 목소리를 가리는 소음이 되지 않게 하십시오. 마음을 따라가고, 직관을 따라가십시오."

페르세우스가 직관을 따라간 흔적이 뭐냐고? 모험길에서 어디로 가야 할지 막막할 때 그가 찾은 곳은 델포이 신전이었어. 신전을 찾았다는 게 외적인 힘에 의존했다는 뜻은 아니야. 신전은 신성한 곳 아니니? 그곳은 교회나 절이라기보다 내 마음 가장 깊은 곳을 뜻할 거야. 거기서 페르세우스는 제사장에게 메두사가 있는 곳이 어디냐고 물었고.

너희들은 생각해야 하는 일이 있을 때 어떻게 하니? 엄마, 아빠에게 물어본다고? 그래, 지금까지는 그것도 좋아. 그런데 이제 중학교도 갔으니까 앞으로는 먼저 네 입장을 정리해야 할 거야. 우선 네 뜻을 살펴야 할 거 아니니? 네 인생이니까. 그러기 위해선네 마음의 신전으로 들어가야 해.

그러면 교회 같은 곳에 가서 기도를 해야 하냐고? 그것도 나쁘지 않지만, 그보다 산책을 해보면 어떨까? 집 앞에 넓은 운동장이 있으니 천천히 걸어보는 거야. 혼자서.

걸으면서 억지로 생각을 만드는 게 아니야. 일단 그냥 걷는 거야. 바람과 햇살을 느끼면서! 그렇게 걷다보면 생각이 문득문득올라온다? 그게 내 마음의 신전에서 제사장이 내려주는 신탁, 마음의 직관 아니겠니?

그렇게 올라온 생각을 가지고 엄마, 아빠의 생각을 물어볼 때대등한 입장에서 대화가 가능해져. 네 입장이 생기는 거니까! 엄마, 아빠 생각에 따라 사는 게 아니라 네 입장과 태도를 조율할수 있게 돼. 그런 연습이 중요하단다. 그게 자기 삶을 사는 방법이란다.

돌처럼 굳은 사람

그라이아이 세 자매에게서 메두사가 서쪽 나라에 있다는 것을 안 페르세우스는 무작정 서쪽으로 걸었어. 다리에서 힘이 빠지기도 했고, 가슴에서 두려움이 올라와 바들바들 떨기도 했을 거야. 그렇지만 포기하지 않았어. 걷고 또 걸었지.

사실 서쪽은 해가 지는 자리잖아. 죽음의 자리야. 불교에서는 아미타 부처님이 계시는 곳이라고 해. 거기는 죽은 이들이 다다르기를 바라는 서방 정토세계인 거야. 우리의 무속신화 속 바리공주가 생명수를 구하기 위해 걷고 또 걸어간 곳, 그곳도 서천서역

요제프 하인츠, 「타르타로스에 도착하는 하데스」, 1640년경, 마리안스케 라스네, 메츠케 박물관

국 아니니? 서쪽으로 걸었다는 건 생애 전부를 걸고 최후를 각오했다는 거야. 거기서 그는 사소한 존재로 변장한 헤르메스를 만나고, 아테나를 만나고, 하데스를 만났어. 신적인 존재를 보고 신적인 지혜를 얻기 위해선 고독한 서쪽 나라를, 포기하지 않고 넋을 놓지도 않고 걸어가야 하는 건지도 몰라.

때로 후퇴하기도 하고, 후회하기도 하고, 버겁다고 징징거리기도 했을 거야. 그렇지만 페르세우스가 나아갈 수 있었던 건, 별 도움이 되지 않을 것 같은 사소한 일에서 에너지를 받았기 때문이야. 님프들에게 선 헤르메스의 신발을, 헤르메스에게 선 칼을, 아테나에게선 방패를, 하데스에게선 투구를 얻었어.

그런데 신들의 형상으로 나타났겠니? 아니야. 페르세우스를 도와준 신들은 시시하고 사소한 존재로 나타나 힘을 보태고 지혜를 키워줬어. 메두사를 찾기까지 길 위에서 만난 도움들은 사소한 것처럼 보였지만 지나고 보면 메두사를 찾게 해준 삶의 기적들이었던 거지. 작고 사소해 보이는 일들은 무시해도 좋을 무의미한 일이 아니라 힘을 나게 하는 밥이란다. 우리를 성장하게 만들어주는!

응, 태희는 지난 추석 연휴에 아빠와 둘이서만 지리산 둘레길을

유진 버먼, 「석양(메두사)」, 1945, 노스캐롤라이나, 노스캐롤라이나 미술관

페터 파울 루벤스, 「안드로메다를 풀어주는 페르세우스」, 1620, 베를린, 베를린 국립 회화관

걸었다고? 그러고 나니까 다음엔 혼자 걸어보고 싶은 의지도 생겼다면서? 혼자 여행해도 될 것 같은 자신감이 생겼다는 거잖아.

그렇게 나도 모르게 조금씩 성장하는 거야. 그냥 흘리고 말았을 시간들이 성장의 밑거름이 되어 '나'의 시간이 되고 의미가 된 거지. 그렇게 성장한 후에야 비로소 메두사를 찾을 수 있었어. 거기가 또 한 번의 시험대이기도 하고!

메두사를 어떻게 대면해야 하는지 아니? 성에 들어서 보니 분위기부터 묘했어. 그 성에는 피가 돌고 살이 따뜻한 사람들이 없었어! 그들은 모두 돌처럼 굳어 있었어. 아니, 모두 차가운 돌이었어. 그러니 성에 무슨 활력이 있겠니? 모두 죽은 사람들뿐인데.

왜 그런 곳 있지? 권력을 지닌 한 사람만이 제 맘대로 설치고, 나머지는 모두 그 사람의 종처럼 무표정한 곳! 그런 곳이 메두사의 성 아니겠어? 그러니 강해 보이는 그 한 사람도 살아 있는 존재라 할 수 없는 거지. 소통할 수 없는 곳에서는 지배자도, 피지배자도 괴물이 되잖아.

그런데 그들은 왜 그렇게 돌이 되었을까? 그래, 맞아! 메두사를 쳐다봤기 때문이잖아. 메두사를 쳐다본 존재는 모두 돌이 되는 거야. 메두사는 절대 권력이지? 쳐다보게 되고 기죽게 되고 꼼짝 못하게 되고 마침내 자기 표정을 잃어버리게 만드는 절대 권력!

종종 우리 마음은 돌처럼 딱딱하게 굳잖아. 왜 그럴까?

페르세우스 같은 유형의 소수를 제외한 사람들은 말이야, 약한 사람에겐 연민을 보내. 그리고는 무시해버린다. 반면에 강한 사람, 권력을 가진 사람들에 대해서는 비난하고 비판한다. 그런데도 그들이 눈길을 주면 대부분 넘어가! 절대 반지를 사랑한 골룸처럼 왜소해지고 옹색해지고 뒤틀리는 거야. 절대 반지에 매혹된 순간부터 매혈이 시작되고, 마침내 심장을 팔아먹는, 피도 눈물도 없는 무표정한 괴물이 되는 거지. 그게 돌이 되는 거 아니겠어.

그래서 메두사를 직접 보는 건 위험한 거야. 그때 필요한 것이 아테나의 방패야. 페르세우스는 좋겠다. 아테나에게서 무적의 방패도 받고! 그렇게 생각하기 쉽지? 그러나 아니야. 페르세우스가 방패를 받은 건 운이 좋아서가 아니야. 메두사를 찾아 나선 고독한 길 위에서 아테나의 방패로 비견되는 지혜를 가지게 됐다는 뜻이지! 아테나의 방패가 무엇을 뜻할지는 다음에 얘기하자.

아테나의 방패

메두사를 쳐다보면 돌이 되지? 페르세우스의 사명은 메두사의
목을 가져오는 건데, 쳐다보지 않고 어떻게 그럴 수 있겠어? 그때
필요한 게 거울이야. 비춰보고 칼로 내리치는 거잖아. 그것이 바
로 지혜의 여신 아테나의 방패인 거지.

　방패로 어떻게 비춰보냐고? 거울로 이루어진 방패면 깨지기도
쉽겠다고? 그렇게 생각할 수 있겠다.

　그런데 고대사회에서의 거울은 우리가 생각하는 그런 거울이
아니야. 왜 그런 『성경』 말씀 있지 않니?

"사랑은 오래 참고 사랑은 온유하며……."

이렇게 시작하는 「고린도 전서」 제13장의 끝부분엔 이런 문장이 있어.

"그때는 거울로 보는 것처럼 희미하나……."

기억하니? 이상하지 않니? 왜 거울로 보는 것이 희미할까?

바로 청동거울이기 때문이야. 그건 세수하고 얼굴을 들여다보는 투명한 거울이 아니야. 그건 아무나 갖는 것이 아니었어. 신분의 상징이고도 했으니까. 그 청동거울은 방패삼을 정도로 단단해. 더구나 아테나가 줬으니 얼마나 온전한 것이겠니? 당연히 천하무적 방패겠지. 그렇지만 유의할 게 있어.

응, 아는구나. 맞아. 메두사를 쳐다봐서는 안 되지. 메두사를 쳐다보지 않고 메두사를 베어야 하는 거야. 그러기 위해서는 방패를 거울로 사용해야 하고. 그런데 그렇게 희미하다면서 어떻게 거울이 될까?

온전하게 비춰주지 못해도 희미하게나마 비출 수 있다면 그걸 단서로 사용할 수 있는 자가 전사 아니겠니? 왜 명의는 기계에 의존하기보다 촉진을 한다고 하잖아. 손가락으로 아는 거지. 보이지 않는 몸의 내부를 손가락으로 만져보는 것만으로 어떻게 알겠어?

모라초네, 「페르세우스와 안드로메다」, 1607~1608, 피렌체, 우피치 박물관

그렇지만 명의는 알잖아. 환자의 병이 얼마나 깊은지.

그러기 위해 얼마나 많은 환자를 봤겠니? 뭐든 마찬가지야. 희미한 거울에 비춰 세상을 온전히 읽는 일은 윤동주 시인의 「자화상」에 나와 있는 대로 "밤이면 밤마다 나의 거울을 손바닥으로 발바닥으로 닦아"본 사람만이 할 수 있는 일인 거야. 비춰 보는 건 진짜 중요하다. 사실 그 일엔 종착역이 없어.

고모가 좋아하는 책 중에 헨리 나우웬이란 신부님이 쓴 『상처입은 치유자』가 있어. 거기 이런 일화가 나와.

한 탈주병이 있었어. 그는 적을 피해 작은 마을로 숨어들었지. 마을 사람들은 모두 선한 사람들이었어. 그들은 병사에게 은신처를 제공했지. 그런데 바로 뒤를 이어 병사들이 들이닥친 거야. 탈주병을 내놓으라고 윽박지르며 동트기 전까지 내놓지 않으면 마을을 쓸어버리겠다고 협박했어. 평화롭던 마을은 한순간에 위태로워졌어.

그때 사람들이 신부님을 찾아간 거야. 신부님은 잠시 기도하고 밤새 『성경』을 읽었어. 그런데 이 말씀이 눈에 들어온 거야.

"온 민족이 멸망하는 것보다 한 사람이 백성을 대신하여 죽는

편이 낫다."

『성경』 구절에서 계시를 받은 신부님이 은신처를 말해주자 병사들은 탈주병을 끌고 갔어. 마을 사람들은 원래대로 평화를 찾게 해준 신부님에게 감사하며 잔치를 열었어. 그런데 신부님은 가지 않았어. 아니, 갈 수 없었지. 깊은 슬픔에 빠져 침묵하고 있던 신부님은 하느님의 목소리를 들었어.

"너는 구세주를 넘겨주었구나. 『성서』를 읽는 대신 단 한 번이라도 그 소년을 찾아갔더라면……."

너희들이 신부님이라면 어떻게 했을까? 모르는 탈주병을 넘겨주었을 것 같지만 마음으로는 찔렸을 거 같다고?

그래, 고모라도 그 이상은 하지 못했을걸. 그나마 희망이라면 신부님이 잔치에 참석하지 않은 거야.

그런 생각이 들지 않니? 신부님은 평소 의지해온 『성서』까지 동원해가며 협박에 넘어간 자신을 얼마나 자책하며 힘들어했을까, 하는 생각! 그리고 그게 우리인지도 모른다는 생각! 그게 비춰 보는 거야.

메두사는 무찔러야 하는 적인데, 메두사를 쳐다보면 돌이 되지? 무찌르는 '정의'가 언제나 답인 것은 아니야. 정의를 추구해야

겠지만 그 과정에서 심장이 돌이 되면 곤란하니까.

우리의 삶은 두려움 때문에 돌처럼 굳어 있는 심장을 따뜻하게 녹여야 하는 과정인지도 몰라. 페르세우스처럼!

그러기 위해서는 비춰 봐야 해. 뒤늦게 비춰 보기를 했던 신부님처럼이라도 말이야. 그래야 메두사와 싸우면서도 메두사가 되지 않는 거야. 사람은 자신이 미워하는 사람의 얼굴을 닮아. 비춰 보지 못하면!

안드로메다의 선택

아름다움은 외적인 게 아니란다. 진부하게 들리겠지만 정신적인 거야. 아름다웠던 메두사가 왜 가장 흉물스런 존재가 됐겠니? 마음이 못생겼기 때문이잖아. 아름다운 것도, 추한 것도 다 마음에서 유래하는 거야.

그렇지? 예쁜 친구보다는 선한 친구가 좋다면서? 좋다는 게 뭐겠어? 옆에 두고 싶다는 거잖아. 그런데 좀 더 살아보면 선한 친구보다 지혜로운 친구가 좋아. 그런데 너희 때는 지혜란 게 보이지 않고 씨앗으로 존재하면서 성장을 준비할 때니까 그리 실감나지는 않을 거야.

아니라고? 선한 친구도 있고 얍삽한 친구도 많지만 살짝 손해를 보더라도 마음을 이해해주고, 우정을 생각할 줄 아는 친구가 있다면서. 그런 친구가 지혜로운 친구 아니냐고? 맞아, 맞다! 고모가 미안하네.

그래, 다시 한 번 정리해보자. 메두사를 찾기까지 페르세우스에게 얼마나 많은 일이 있었니? 우선 왕과 대적해서 메두사를 찾아야겠다는 의지를 세웠지? 사랑하는 어머니와 정든 고향을 떠나야 했고, 그라이아이 세 자매와 싸워 길을 알아내기도 했잖아. 그렇게 길 위에서 두려움을 삼키는 법을 배우고, 외로움과 친해지는 법을 배우고, 애정 어린 눈으로 자연을 관찰하는 법을 배웠어.

늘 강조하지만 하늘은 스스로 돕는 자를 돕는단다. 페르세우스야말로 스스로 돕는 자의 전형이라고 했잖아. 자기 길을 걷는 과정에서 페르세우스는 아테나의 방패도 얻고, 헤르메스의 신도 얻고, 하데스의 투구도 얻고, 아레스의 검도 얻었지? 홀로 세상을 살아갈 수 있는 남자가 된 거야. 신들이 페르세우스를 도와준 이유는 그가 스스로를 도울 줄 아는 인물이었기 때문이야.

신들은 지극히 평범하고 일상적인 존재로 나타나 페르세우스

프란체스코 마페이, 「메두사를 죽이는 페르세우스」, 1650, 베네치아, 베네치아 아카데미아 미술관

가 자신들의 도움을 받을 수 있는 인물인지 살폈어. 스스로를 돕지 못하는 사람에게 길은 열리지 않는단다. 길이 열린 것처럼 보여도 자기 길이 아니라면 자기의 무덤과 다를 바 없어! 어쩌면 지혜라는 것도 스스로 돕는 과정에서 생기고 성장하는 거야.

아테나의 방패에 비춰 메두사의 머리를 베고 고향으로 돌아간 페르세우스에게 하나의 과제가 남았어. 스스로 행복해지기 위한

페터 파울 루벤스,
「안드로메다」, 1638,
베를린, 베를린 국립 회화관

과제, 그게 뭘까?

맞아, 여자친구! 이제 연애를 하고 결혼을 해야지! 그건 사람으로 온전해지는 중요한 일이니까. 하지만 마음만 가지고 되는 게 아니란다. 준비가 필요해. 왜 첫사랑이 실패하는지 아니? 너희는 여친 없어? 좋아했던 여친도 없었어?

자꾸 묻지 말라고? 그건 프라이버시라고? 알았어, 미안, 미안해.

첫사랑은 대부분 실패한단다. 그건 감정이 지극하지 않아서가 아니야. 첫사랑이야말로 얼마나 순수하니? 무서울 정도로 순수한 감정이 샘솟듯 솟아나잖아. 그런데 마음이 어리면 감정을 어떻게 다뤄야 하는지 몰라. 그래서 사랑이 깨지고 마음은 다치는 거야.

페르세우스의 사랑은 안드로메다야. 페르세우스를 만나기 전 안드로메다에겐 약혼자가 있었어. 피네우스라고 왕의 동생이었지. 피네우스 관점에서 보면 안드로메다가 자기를 배신하고 페르세우스를 선택한 거야. 왜 그랬을까?

피네우스는 안드로메다가 무엇이 필요한지 몰랐어. 안드로메다가 바다 절벽 위에 제물로 묶여 떨고 있을 때 피네우스는 아무 일도 하지 않았어. 비겁했던 거지. 여자는 사랑에 비겁한 남자 옆에서는 생기가 돌지 않아. 사랑하지 않는단다. 안드로메다가 비겁한 피네우스를 버리는 건 당연한 거야.

그런데 피네우스는 어리석기까지 해. 안드로메다가 자신을 구해준 페르세우스와 결혼하려 하자 약혼자임을 내세워 둘의 사랑을 방해하거든. 정말 마음이 못생긴 남자 아니니?

마음이 못생기면 외모가 수려해도 기생오라비처럼 보이고, 마음이 예쁘면 노트르담의 꼽추도 로맨티스트로 보인단다. 추함은 마음에서부터 유래하는 거야. 아름다워지는 것도 마음에서부터.

페가수스와 함께 날다

옛날 가난한 시인이 있었어. 시인에게는 아름다운 말이 한 마리 있었단다. 그런데 그 시인은 너무나 가난해서 먹이를 살 수 없었어. 시인은 눈물을 머금은 채 정든 말을 팔아야 했지. 그 말을 산 건 농부였어. 농부가 어떻게 했는지 아니?

그 말에 멍에를 씌워 쟁기를 끌게 했단다.

슬프지? 그래, 그 말! 페가수스야. 어떻게 알았어? 실러의 시 「멍에 속의 페가수스」 이야기인데, 알고 있었구나?

아니라고? 시인이 사랑했던 말이니까 페가수스일 것 같았다고?

안드레아 만테냐, 「파르나소스」 중 '페가수스와 페르세우스' 부분,
1497, 파리, 루브르 박물관

그렇지. 머리가 몰라도 모른다 할 수 없는 것, 느낌으로 아는 것이 있지? 우리의 심장이 알고 있는 사실들이 있어. 페가수스 이야기가 그래. 날개 달린 하얀 말 페가수스는 시인의 말 아니니? 풍부한 감성과 순수한 상상의 상징이야. 날개가 있으니 어디로든 갈 수 있지? 때 묻지 않은 흰빛이니 오로지 심장의 말만 듣지. 잔머리를 굴려도 페가수스를 움직일 수 없고, 혹독한 권력으로도 페가수스의 등을 빌릴 수 없어.

그 페가수스가 어떻게 태어났는지 아니? 프시케처럼 순결한 존재이니 이슬처럼 영롱한 곳에서 태어났을 것 같지만 그렇지 않아. 페가수스는 메두사가 흘린 피에서 태어났단다. 페르세우스는 메두사의 목을 베고 그 머리를 챙기잖아. 생각해봐, 페르세우스의 칼에 목이 잘린 메두사가 얼마나 많은 피를 흘렸겠니? 거기서 페가수스가 태어난 거야.

응, 맞아, 페가수스는 포세이돈의 말이야. 정확히 말하면 포세이돈과 메두사의 아들이지. 언젠가 그런 얘기 했지?

메두사가 벌을 받은 건 아테나의 신전에서 바다의 신 포세이돈과 사랑을 나누었기 때문이라고. 그때 잉태된 게 페가수스란다.

아, 그게 궁금했다고? 말은 육지에 사는 데, 왜 바다의 신 포세이돈의 상징이냐고?

좋은 질문이야. 말발굽 봤니? 찍힌 모습이 달의 형상과 닮았지? 바다는 달과 관계가 있어. 달이 바다의 밀물과 썰물을 관장하기 때문이야. 달은 모든 물의 원천이란다. 달이 없다면, 달의 인력이 없다면 지구는 지금 자전하고 있는 속도보다 훨씬 빠르게 돌았을 거야. 바람도 굉장해서 돌들이 날아다닐 정도일 거고. 달때문에 지구의 자전 속도는 지금도 조금씩 느려지고 있어. 달이 지구에게 그렇게 중요한 존재라면 지구는 달에게 또 얼마나 강력한 존재겠니? 달은 자전 속도와 공전 속도가 같아. 지구의 조석력이 그만큼 강력하기 때문이야.

우리가 사는 지구와 달은 그렇게 연관되어 있는데, 옛날 그리스 사람들은 달 형상의 발굽을 가진 말이 달과 지구를 이어주는 신성한 존재라고 생각한 거야. 말은 바다에서 태어난 달의 아이란다. 달이 하강한 존재인 거지. 그러니 더 분명해지지? 페가수스가 왜 그렇게 신비하고 아름다운 존재인지. 달과 바다는 무의식의 보물창고잖아. 꿈꾸는 자의 언덕인 거지.

사랑스런 페가수스가 왜 그렇게 흉측한 메두사에게서 태어나고, 아름다운 아프로디테에게서 태어나지 않은 게 참 이상하지?

주세페 세자리, 「안드로메다를 구하는 페르세우스」, 1594~1598, 베를린, 베를린 국립 회화관

그런데 그건 어쩌면 메두사 안에도 그렇게 아름다운 존재가 들어 있다는 뜻일지 몰라. 우리가 아무리 나빠졌어도 우리 안에는 태고의 순수가 있는 거지. 거기에 잇대어 있을 때 희망은 저절로 성장하는 거라고.

신화에서는 페르세우스가 메두사의 피에서 태어난 페가수스를 타고 메두사의 성을 빠져나오는 것으로 되어 있지? 왜 그럴까?

메두사를 극복하지 못하는 한 꿈을 꿀 수 없기 때문이야. 어쩌면 우리의 꿈은 메두사에 갇혀 멍에를 쓴 채 쟁기를 끌고 있을지도 몰라. 그 꿈에 덧씌워진 멍에를 벗기기 위해서는 메두사를 극복해야 하는 거고. 심리학에서는 마더 콤플렉스라고 해. 그 얘기는 다음에 하자.

너희들, 공부는 잘하지 않아도 돼. 그런데 네가 좋아하는 일을 발견했으면 좋겠어. 좋아하는 일을 찾으면 말이야, 그 일을 성취하기 위해 무엇이 필요한지 스스로 찾게 된단다. 그때는 힘이나. 자기를 견책해야 하는 시간도 스스로 만들 수 있고, 주도적인 삶을 살 수 있어. 삶에서 중요한 건 스스로의 삶을 주도하는 것, 자기 삶의 주인이 되는 것 아니겠니?

모든 부모는 수령이다

페르세우스의 사랑은 안드로메다고, 안드로메다의 사랑은 페르세우스라고 했지? 그런데 페르세우스가 언제 안드로메다와 만난 줄 아니? 그래, 맞아. 메두사의 목을 베고 의기양양하게 고향으로 돌아가는 길목에서야.

남자가 되기 전 소년의 사랑은 풋사랑이야. 좋아하는 감정으로 소꿉놀이를 할 수는 있지만 감정을 키우며 삶을 든든하게 만들 수는 없는 거야. 남자가 된다는 것은, 그래, 맞아! 자기 힘으로 메두사의 머리를 벤 경험이 있어야 하는 거지. 그런데 메두사의 머리를 뺐다는 건 무슨 뜻일까?

메두사란 보기만 해도 돌이 되는 괴물이잖아. 무지막지한 힘을 가진 존재지. 살다보면 대적하고 싶은데 대적할 수 없는 것처럼 보이는 것들이 있어. 너희는 그런 거 없어? 숨이 막히는데, 그렇다고 빠져나오려고 하면 할수록 '나'를 파멸로 몰아가는 것들!

그래, 그거 좋은 예네. 요즘 왕따 당하는 아이들 말이야. 그런 애들이 느끼는 세상이 그렇지 않겠니? 친구들에게 이유 없이 맞고 약탈당하고 모욕당하다 자살한 중학생의 유서를 읽어봤니? 너희들 또래니 고모도 남 얘기 같지 않아 찬찬히 읽는데 명치끝이 아팠단다. 이렇게 쓰여 있어.

"늘 맞아서 제 몸은 성치 않았어요. ……저는 그냥 부모님 한테나 선생님, 경찰 등에게 도움을 구하려 했지만, 걔들의 보복이 너무 두려웠어요. ……매일 맞던 시절을 끝내는 대신 가족들을 볼 수 없다는 생각에 벌써부터 눈물이 앞을 가리네요."

얼마나 맞았으면 그랬겠어? 아, 태희도 그랬다고? 가끔씩 뚱뚱

요아힘 우테웰, 「페르세우스와 안드로메다」, 1611, 파리, 루브르 박물관

하다고 놀림을 당할 때 외로웠다고? 그래서 어떻게 했니? 살찌는 데 네가 보태준 게 있느냐고 정색을 했다고? 그랬더니 안 그러더라고. 단점 가지고 놀리는 애들도 한심하다고?

그래, 그런 생각이면 돼. 그게 메두사의 머리를 벤 경험일 거야. 그렇게 메두사를 이겨봐야 자존감도 생긴단다. 그래야 너의 안드로메다를 만나 마음으로 나눌 말도 있는 거야.

안드로메다가 페르세우스를 만난 건 바다 위로 솟은 바위에 묶여 있을 때였지? 고향으로 가는 길목에서 페르세우스는 이상한 풍경을 보았어. 아름다운 여인이 파도치는 바닷가 바위에 묶여 죽음을 기다리는 풍경이었어.

페르세우스는 그 처녀에게 매료되었어. 메두사의 목을 벤 경험이 있다는 건 자기를 던져본 경험이 있다는 뜻이거든. 자기를 던질 줄 아는 남자는 사랑을 위해 목숨을 건단다. 사랑과 함께 행복하든지, 사랑을 지키다 파멸에 이르든지. 그래 본 적 없는 남자는 남자라 할 수 없지. 그런데 안드로메다를 바위에 묶어놓은 사람이 누군지 아니?

에티오피아 백성들이지? 안드로메다의 어머니 카시오페이아가 바다의 요정보다 자신의 딸이 아름답다 자랑하고 다녔어. 그러자 바다의 신이 화가 나서 에티오피아를 물바다로 만들자, 제물이 필요했어. 위기에 빠진 에티오피아 백성들이 왕에게 고한 거야. 화근이 된 안드로메다를 바다의 신에게 바쳐야 한다고.

자, 곰곰 되새겨보자. 그러니까 안드로메다를 제물로 만든 사람은 누구니? 바로 안드로메다의 어머니 카시오페이아지!

사실 모든 부모는 수렁이란다. 말이 무섭지? 좋은 부모일수록 수렁이야. 수렁은 수렁인데, 수렁을 건너면 정신이 한 뼘 자라는 거야. 그러니 징검다리이기도 하지. 부모 없이는 성장할 수 없지만 부모를 극복하지 못해도 성숙할 수 없다는 얘기야. 성숙하지 못한 청년들은 바닷가 바위에 묶인 안드로메다처럼 위태위태한 존재인 거야.

자식은 원하든 원하지 않든 부모를 닮는 거지. 그게 무슨 뜻이겠어? 길게 보면 말이야, 자식은 부모의 문제를 그대로 앓고 있단다. 어떻게 그럴 수 있을까?

독립한다는 것

안드로메다를 바다 절벽으로 몬 사람은 어머니 카시오페이아라
고 했지? 그게 무슨 뜻이겠어? 자식은 부모의 문제를 앓게 된다
는 거야.

제자 중에 엄마, 아빠 문제 때문에 골머리를 앓는 남학생이 있
었어. 걔가 그러는 거야. 엄마도 좋은 사람이고, 아빠도 좋은 사람
인데, 엄마 아빠가 매일 싸운다는 거야.

할머니 때문이래. 할머니는 자기밖에 모르는 이기적인 노인인
데 자꾸 엄마에게 잔소리만 늘어놓고, 그러다가 삐쳐서 나가버리

조르조 바사리, 「페르세우스와 안드로메다」, 1570~1572, 피렌체, 팔라초 베키오

신대. 할머니가 고모네 며칠 가 있으면 집안은 조용한데, 이번에는 아빠가 화를 낸다는 거야. 자기 어머니를 구박했다고.

고모네 집이라고 편하겠니? 결국 할머니가 집을 얻어 나가셨는데, 아버지는 할머니랑 그 집에서 사시고 자기는 어머니랑 사는데, 아버지에게 섭섭하다는 거지. 그래서 그 남학생이 어머니에게, 자신이 엄마를 모실 테니 아버지랑 이혼하라고 부추겼대. 아버지가 할머니의 이간질에 넘어가 어머니를 미워하니 아버지 자격이 없다는 거지. 내가 뭐라고 했겠니?

"지금 그 그림이 너의 미래란 생각이 들지 않니? 할머니 편을 드는 아버지에게 섭섭해서 이혼하라고 부추기고, 네가 어머니를 모시겠다고 하면 그게 바로 네 아버지의 모습이라고 생각하지 않니? 너와 편을 먹고 아버지와 갈등하는 어머니를 모신다는 건 말이야, 어머니의 정서를 책임진다는 뜻이 아니겠니? 그건 나중에 네 아내가 생겼을 때 밑그림이 아니겠어? 결혼했는데 네 아내와 어머니가 갈등한다면 너는 어떻게 할까? ……자식은 그렇게 부모의 문제를 그대로 앓게 되어 있어."

그러면 어떻게 해야 할까? 그냥 부모처럼 똑같이 앓아야 할까?

문제를 알면 문제에서 나올 수 있어. 아마 그 학생은 할머니를 어머니의 시선을 통해 봤기 때문에 할머니만 문제라고 생각했을 거야.

왜 어머니의 시선을 통해 세상을 볼까? 자기만의 방식이 있는 건데! 사람들은 말이야. 남들과의 사이에서 내 방식이 억압당하는 것에 민감해. 사랑한다며 상대를 내 방식대로 조정하려들면 사랑은 소유하는 게 아니라고 반발하잖아. 이미 나의 방식이 있기 때문에 다른 방식으로 조정하려는 사람의 고집과 부딪치는 거야. 그 갈등을 조절하기는 그래도 쉬워. 충돌을 통해서 서로의 방식을 돌아보기 때문이지.

그러나 가족 사이에선 그게 어렵단다. 아이는 부모를 통해 세상에 나왔을 뿐 아니라 부모를 통해 세상을 배우잖아. 극단적으로 말하면 부모가 세상이야. 특히 엄마가! 엄마의 시선이 내 시선이 되어서, 그 시선으로 세계를 보는 거야. 그러니까 할머니를 '자기밖에 모르는 이기적인 노인네'라고 하는 건 그 아이의 생각이 아니라 그 어머니의 생각인 거야.

노인을 그렇게 미워하다니, 그 형의 엄마가 나쁘다고? 그렇게 단순한 문제는 아닐 거야. 가족 문제는 대부분 감정의 문제야. 감정의 문제, 호불호의 문제를 선악으로 읽으면 갈등은 멈추지 않고 증폭된단다.

그러면 그 형은 어떻게 해야 하면 좋을까? 나는 그 학생이 할머니를 만나야 된다고 했지. 할머니 편에서 얘기를 들어줘야 한다고 말이야. 아버지도 만나서 내가 할머니를 책임질 테니, 아버지는 무조건 어머니 편을 들어주셨으면 한다고 부탁하라 했어.

엄마로부터 독립한다는 건 엄마를 미워하는 게 아니라 엄마를 한 사람으로서 한 여인으로서 이해하는 거야. 안드로메다는 그걸 몰랐기 때문에 어머니의 제물이 된 거야.

사랑은 치열한 싸움이야

사랑은 어디에서 올까? 미모에서? 집안에서? 학벌에서?

성격이 좋은 여자친구가 좋다고? 그런데 예쁘지 않으면 많이 끌리지는 않는다고? 안드로메다도 예뻤으니까 페르세우스의 눈에 들었고, 페르세우스가 전심전력으로 다해 구해야겠다고 마음먹을 정도로 사랑에 빠지게 된 거 아니냐고?

그럴 수 있겠다. 그런데 예쁘다는 건 의외로 주관적인 거야. 예쁘기 때문에 사랑한 게 아니라 사랑하기 때문에 예뻐 보였던 것일 수도 있어.

그런데 사랑은 어떻게 올까? 그건 아무도 모르지. 오죽하면 봄바람처럼, 소나기처럼, 별빛처럼 온다고 하겠니? 사랑이 어떻게 오는지는 모르지만 지금 내가 하는 게 사랑인지 아닌지는 구별할 수 있어.

주고 또 주어도 아깝지 않으면 사랑이야. 목숨까지 줄 수 있는 게 진정한 사랑인 거지. 그러니까 로미오와 줄리엣이 서로를 위해 목숨을 건 게 아니겠니?

진정한 사랑은 완전한 사랑이고, 완전한 사랑은 구원이란다. 페르세우스가 안드로메다를 구해주지? 안드로메다가 위기의 순간에 만난 남자가 페르세우스잖아. 안드로메다가 엄마의 문제로부터 해방된 건 사랑 때문인 거야. 위기의 순간에 구해주겠다고 맹세하는 게 아니라 사랑 자체가 이미 구원인 거지. 그러니 때가 되어 사랑을 따라간 연인들은 이미 구원을 받은 거란다.

때가 되면 사랑을 따라가야 한다는 말이 뭐냐고? 사랑은 어찌 보면 아름다운 휴식 같지만, 사실 가장 치열한 싸움인지도 몰라. 사랑을 얻기 위해 페르세우스는 괴물과 싸워야 했지? 뱀처럼 생긴 바다 괴물. 세상엔 공짜가 없단다. 따뜻하고 안온한 사랑을 얻기 위해선 치열하게 싸워야 해. 바다 괴물이라도.

샤를 앙투안 쿠아펠, 「안드로메다를 구하는 페르세우스」, 18세기, 파리, 루브르 박물관

바다는 우리가 태어난 무의식이야. 안드로메다의 관점에선 그동안 그녀를 키워준 어머니 아버지의 세상이라 할 수 있을 거지. 그런데 그게 나에게 힘을 주는 에너지가 아니라 나를 잡아먹는 괴물이 되고 있는 거잖아. 그 괴물과의 싸움에서 이겨야 '나'의 세상을 일굴 수 있는 거야.

　어머니나 아버지의 세상이 아닌 '나'의 세상을 만들고 '나'의 질서를 세워야 하는 때가 있잖아. 더 이상 어머니 아버지의 하늘 아래선 살 수 없고 살아서도 안 되는.

　한 소녀가 있었어. 소녀는 엄마 아빠의 보물이었지. 공부도 잘하고, 선하고, 예쁘기도 해서 엄마 아빠가 소녀 때문에 속을 끓여본 적이 없는 거야. 그저 누구 주기 아깝다는 말만 했지. 공부하는 부모를 닮은 소녀는 대학에 가서도 공부만 했어. 그러다가 한 남자를 만났는데, 그 남자는 엄마 아빠가 사윗감으로는 한 번도 생각해본 적 없는 노래하는 사람인 거야. 엄마 아빠 눈에 가수는 안정적일 수 없는 날라리였거든. 그래서 딸에게 금족령을 내리고 서둘러 딸을 유학 보냈어. 그리고 가수를 만나 점잖게, 내 딸을 사랑하거든 공부하는 걸 방해하지 말라고 말했지.

　그래서 어떻게 됐을까? 사랑하는 연인과 억지로 헤어진 소녀는 유학 가서 공부를 한 게 아니라 우울증을 앓았어. 바로 그런 상황, 그것이 꽁꽁 묶여 바다 괴물에게 잡아먹히게 된 안드로메다의 상황이야. 그대로 방치하면 우울증 때문에 스스로를 망친단다. 영혼이 죽는 거지. 바다괴물의 제물이 되는 거야. 너라면 어떻게 하겠니? 가서 데려온다고?

그렇지. 사랑하는 남자라면 가서 데려와야지. 그리고 둘의 사랑은 부모님이 아니라 둘이 책임져야지. 그게 바다 괴물과 싸우는 법이고, 때가 되어 자기 사랑을 따라가는 법인 거야.

피네우스

바닷가 절벽 위에 제물로 묶여 있는 안드로메다를 구한 페르세우스는 그녀와 함께 궁전으로 입성했단다. 얼마나 당당했겠니? 신부를 구해 신부의 부모 집을 찾았으니, 멋진 사윗감을 본 왕 케페우스와 왕비 카시오페이아도 혼인 준비를 하며 흐뭇하고 행복했어.

　그건 말이야, 금이야 옥이야 키운 딸이 자기 품을 떠날지도 모른다는 쓸쓸함을 압도하고도 남을 행복이란다. 모두가 행복했을 거야. 신부를 사랑하는 신랑도, 신랑이 든든하기만 한 신부도, 하다못해 그들을 지켜보는 궁전의 문지기도.

그런데 그 행복의 한복판에서 소란이 일어났어. 안드로메다를 자기 신부라 주장하며 이 혼인은 무효라고 법석을 피운 남자가 있었거든.

응. 안드로메다의 약혼자 피네우스. 안드로메다가 죽게 생겼을 땐 도망갔다가 이제야 나타나서 자기 신부라 주장한 비겁한 남자!

그래, 여자는 그렇게 비겁하고 몰염치한 남자를 사랑할 수 없다고 했지? 그렇지만 피네우스 관점에서 보면 말이야, 원래는 자기 약혼녀였잖아. 훨씬 성숙하고 아름다워진 안드로메다를 포기하기가 쉽지 않았을 거야. 그는 누군지도 모르는 이상한 놈이 나타나 비겁하게도 자기 여자를 빼앗아간다고만 생각했겠지. 비겁한 사람은 말이야, 자기가 비겁했다고 반성할 줄 모르고 남에게 책임 전가만 한다.

여자가 절벽 위에서 바들바들 떨고 있을 때 아무런 도움을 주지 못하고 사라진 남자는, 다른 남자를 선택한 여자를 존중하는 방법도 몰라. 그는 왜 안드로메다가 페르세우스를 사랑했는지 영원히 모를걸!

안드로메다의 결혼식에 나타난 피네우스는 페르세우스의 심장

루카 조르다노, 「피네우스 일행과 싸우는 페르세우스」, 1680년경, 런던, 런던 내셔널 갤러리

을 향해 창을 던졌어. 기습적으로 말이야. 그렇지만 페르세우스는 날쌔게 창을 피했지. 그리고 피네우스 일당과 싸웠어. 행복해야 할 결혼 축제는 난장판이 되었지. 물론 페르세우스가 승리해. 메두사의 머리를 높이 치켜들어 피네우스 일당을 돌로 만들어버렸단다.

피네우스가 돌덩어리가 되었다는 것은 무엇을 뜻할까? 마음이 돌처럼 굳었다는 거 아니겠니? 사람을 돌 취급하는 마음, 물건 값으로 매기는 마음, 10점 만점에 몇 점? 하고 점수 매기는 마음 말이야. 마음이 돌처럼 굳으면 진실은 보이지 않고 사랑은 흐르지 못한단다. 돌처럼 굳은 마음으로 친구를 사귀고 연인을 사귀면 사랑해도 성숙하지 못해.

'사랑했어요, 그땐 몰랐지만' 하는 김현식의 노래, 「사랑했어요」 아니? 고모가 좋아했던 노래지만 사실은 이해가 안 됐어. 사랑했는데, 어떻게 모를 수 있니? 이해가 되지 않아 버리는 게 있고 이해가 되지 않아 품는 게 있잖아? 「사랑했어요」는 이해가 되지 않아 품는 노래였어. 그런데 말이야, 사랑했는데 왜 모를까? 마음 바쳐 사랑했다면서.

그렇지. 마음이 돌처럼 굳어 있어 몰랐던 거야. 피네우스처럼 말이야. 현실적으로 따져보면 그 사람의 인물과 집안과 학벌과 가능성이 10점 만점에 4점밖에 안 되니, 가까이 지내면서도 더 이상 가까워지지 않는 관계가 있지? 그런 게 피네우스 마음일 거야. 아름다운 공주였을 때 안드로메다는 피네우스에게 10점 만점에 10점이었을 거야. 그러던 공주가 제물이 되고 나니 2점이나 되었을까. 후에 공주가 10점 만점에 12점이 되어 돌아오니 다시 자기 여자라 우긴 거지.

사람은 없고 점수만 있는 거, 피네우스만의 사랑이 아니라 우리 사랑의 그림자인지도 몰라. 사랑의 조건을 따지느라 정작 사랑을 모르는 젊은 날의 초상! 반면 페르세우스의 가장 큰 매력은 마음이 돌처럼 굳지 않았다는 거야. 그러니 살아 있는 연애를 하고 행복하게 결합할 수 있었단다.

페르세우스의 여성성

어머니의 섬을 떠나 오랜 시간 방랑한 페르세우스는 길 위에서 존재 이유를 찾았어. 사랑을 얻기 위해서는 치열한 싸움에 목숨을 걸어야 한다는 사실도 배웠고, 그리고 마침내 페르세우스는 안드로메다와 결혼해서 행복하게 살았지.

심리학적으로 결혼은 남성성과 여성성의 융합이란다. 결혼 생활에 문제가 생길 때 많은 사람들이 상대방에게 모든 문제를 떠넘기지. 그런데 사실은 상대의 문제라기보다 '나'의 남성성에, 혹은 여성성에 문제가 있는 경우가 많아.

왜 그 사람을 좋아했겠니? 자기의 문제라는 인식을 하지 못하는 한, 또 다른 사람을 만나도 소용이 없어. 비슷한 사람을 만나 사랑에 빠지고, 비슷한 문제를 반복해서 앓거든. 아무튼 페르세우스는 아들 페르세스를 얻기까지 안드로메다의 궁전에서 안드로메다와 행복하게 살았어.

그런데 왜 여자네 집에서 살까? 엄마를 구하러 가야 한다는 것도 잊은 채 말이다.

페르세우스는 오랫동안 방랑했던 사람이잖아. 메두사의 목을 베어야 한다는 일념으로 살아온 사람이고. 이제 정착을 배워야 하는 거지. 남자에게는 자기 여자가 정착지야. 여자의 집에서 산다는 건 데릴사위로 들어간다는 얘기가 아니라, 자기 속의 여성성에 살을 붙여 힘을 얻는다는 거지. 여성성에 힘이 있어야 남자는 생기가 돈단다. 자신의 감정을 살필 줄 알고 타인의 감정도 배려할 줄 알고.

남자들 중에 이런 부류가 있지? 말만 하면 화를 내고, 목표를 정해준 일은 잘 처리하는데 그렇지 않으면 어찌할 줄 모르는……. 그게 여성성이 병든 남자의 증상이야. 모험만 좋아하고 목표를 향

페터 파울 루벤스, 「안드로메다를 풀어주는 페르세우스」,
1639~1640, 마드리드, 프라도 미술관

해 나아가는 것에만 익숙한 남자가 익혀야 할 것은 여성성이란다.

여성성이 풍요로운 남자는 마침내 어머니를 찾게 되지. 홀로 선 남자가 되기 위해 결별했던 어머니를, 진정한 남자가 되어서 찾아가는 거야. 남자 안의 건강한 여성성은 어머니와 화해하게 만드는 에너지거든.

정착한 페르세우스는 어머니를 구하는 것이 자신의 인생에 매우 중요한 숙제였음을 깨닫는단다. 그래서 세리포스의 왕 폴리데크테스의 폭력을 피해 도망다니던 어머니를 구하러 가는 거야. 어떻게 됐겠니? 그래, 폴리데크테스는 돌이 됐어. 페르세우스가 메두사의 머리만 들이민 거지. 폴리데크테스는 자신이 가장 두려워하는 것 앞에 무너져버린 거야.

이제 주목해야 하는 건 그 후, 페르세우스의 태도야. 스스로 투쟁해서 얻은 메두사의 머리, 잘만 쓰면 얼마나 좋니? 만능이잖아. 세상 모든 사람들을 돌로 만들 수 있는 절대 권력이고. 그런데 그 좋은 걸 페르세우스는 신에게 돌려준단다.

메두사는 원래 아테나 신전의 신녀였지? 그 원주인 아테나에게 돌려준 거야. 아테나는 그걸 받아 자신의 방패에 붙여 힘을 더했고, 그게 얼마나 어려운 일인지 아니? 안다고? 너희들은 절대로 안 돌려줬을 거라고?

그래, 너희들은 이제 막 메두사의 머리를 찾아 나서기 시작할 배인데, 벌써부터 돌려줄 생각을 하면 모험의 열정이 사라지겠지. 그건 자연스러운 거야.

어쨌든 페르세우스는 메두사의 머리로 엄청난 권력을 누렸는데도, 그걸 아테나에게 당당히 돌려줬어. 하지만 힘을 악용해 특별한 사람으로 존중받는 데 익숙한 사람은, 메두사의 머리를 놓치지 않으려고 벌벌 떨다가 메두사처럼 추해졌겠지. 하지만 페르세우스는 그걸 놓아버리고 자연인으로 돌아간 거야. 알겠니? 페르세우스가 끝까지 행복한 몇 안 되는 영웅인 이유? 돌려주는 일을 할 수 있었기 때문이야. 떠날 줄 아는 자, 돌려줄 줄 아는 자의 뒷모습이 아름답다는 건 페르세우스 같은 사람에게 하는 말인 거지.

페르세우스, 돌아오다

어서 오라 그리운 얼굴이여······
이 밤이 새기 전에 땅을 울리며 오라
어서 어머님의 긴 얘기를 듣자

이시형 시인의 「서시」 한 대목인데, 페르세우스의 노래 같다고
생각했어. 고향은 어머니가 기다리고 있는 곳이고, 어머니의 긴
얘기를 듣는 곳이지? 어머니의 긴 얘기를 듣는 것, 그것이 남자들
의 나라에서 짓눌려 있는 어머니를 해방하는 것이기도 하잖아.

아버지의 아들로서 페르세우스는 모험을 했고, 힘을 키웠으며, 영웅이 됐지? 그리고 힘을 키우는 시간엔 깨끗하게 망가져야 했던 고향땅, 어머니의 섬으로 돌아와서는 어머니의 아들로서 독재자 폴리데크텍스로부터 어머니를 해방시켰던 거야.

폴리데크텍스는 한 줌 권력으로 다나에를 지배하고 소유하려 한 천박한 왕이잖아. 다나에의 관점에서 폴리데크텍스를 보면 더 명확해져. 다나에는 왕을 사랑하지 않았어. 그런데 왕이 권력으로 사랑을 사려 했지? 화려하게 먹여주고 입혀주는 것으로 사랑을 사려는 자에게 굴복하는 건 사랑할 자유를 빼앗기는 거고, 인생을 통째로 저당 잡히는 거잖아.

왜 여자도 남성성을 키워야 하는지 아니? 사랑을 지키기 위해서란다. 사랑을 느끼고 나누는 건 여성적인 능력이지만 사랑을 지키기 위해 싸우고 버티는 능력은 남성적인 능력이야. 사랑 이외의 것으로 사랑을 요구하는 건 가장 치졸한 거지? 그런 상황이 오면 내 속의 남성성 페르세우스를 불러내야 해. 마음속에서 페르세우스를 키워야 사랑을 지킬 수 있는 거란다.

자, 우리의 페르세우스, 독재자에게서 어머니를 구했지. 어머니 섬의 평화를 일군 페르세우스는 그 섬을 어린 시절 자신과 어머

페르난드 크노프, 「스핑크스 혹은 포옹」, 1869, 브뤼셀, 브뤼셀 왕립 미술관

니를 보호해준 어부 디텍스에게 맡겼어.

페르세우스에게는 일관된 뭔가가 있지? 메두사이 머리도 원래 주인 아네나에게 돌려주고, 세리포스 섬도 섬사람 디텍스에게 돌려주고.

그래, 페르세우스는 자기가 투쟁한 자리에다 집을 짓지 않아. 그게 페르세우스가 행복한 이유란다. 세상에서 가장 질기고 무서운 게 집착인데, 투쟁해서 얻은 것을 소유하게 되면 그 집착은 떼어낼 수도, 놓아버릴 수도 없어.

사실 권력은 그 자체로는 좋은 것도 아니고 나쁜 것도 아니야. 그런데 워낙 힘이 센 것이다보니 그것을 가진 사람이 권력에 집착해서 권력을 놓치지 않으려들면 권력이 클수록 사람은 왜소해지지. 정정당당하게 자신의 힘으로 싸워 자신을 키우지 못하고, 자신이 나서서 직접 경험하고 해결해야 하는 문제도 비겁하게 권력 뒤에 숨어 명령이나 하면서 그게 자기의 힘인 줄 아니까. 그런 사람들이 제일 무서워하는 게 그 권력을 잃어버리는 거 아니겠니? 그렇다면 권력이 없는 게 좋을 걸까? 글쎄…….

권력에 대해 아름다운 태도는 아마 로마 황제 아우렐리우스의 태도일 거야. 『명상록』에서 아우렐리우스는 이렇게 말했단다.

"오만을 부리지 말고 부유와 영화를 받아들여라. 그리고 언제라도 그것을 떠날 수 있는 마음의 준비를 갖추라."

저 아우렐리우스의 태도는 아마 페르세우스의 태도이기도 할 거야. 떠날 때를 준비하는 사람은 부귀영화를 누리더라도 권력에 집착하지 않지? 페르세우스의 이런 태도는 그를 버렸던 외할아버지 아크리시오스의 태도와 비교된단다. 아크리시오스는 다나에가 낳은 아들이 자기를 죽일 거라는 무시무시한 신탁 때문에 사랑하는 딸 다나에와 손자를 바다에 던져버린 인물 아니니?

그런데 왜 그 신탁이 무시무시하게 들렸을까? 죽기 싫고, 빼앗기기 싫었기 때문이야. 사실은 두려움에 사로잡힌 그 마음이 사고를 친 거야.

왜 자신이 세리포스 섬에서 자라야 했는지 알 턱이 없는 페르세우스는 어머니 섬에 평화를 찾아주고는 외할아버지의 왕국 아르고스를 찾아갔어. 사람은 그렇게 자기의 흔적을 찾아가게 된단다.

그런데 페르세우스가 오고 있다는 소식을 전해들은 외할아버지는 테살리아로 피신을 했지. 신탁의 저주에서 벗어나지 못한

할아버지는 페르세우스 손에 죽을지도 모른다는 두려움이 너무 컸으니까. 이상한 일, 아니니? 이쪽에선 공격할 마음이 아예 없는데, 저쪽에선 방어자세를 취하는 거! 그런데 살다보면 그런 일이 종종 일어나.

아르고스에 도착하니 외할아버지가 없는 거야. 테살리아로 갔다는 얘기를 들었겠지. 페르세우스는 그저 할아버지가 보고 싶어서 할아버지 계신 곳, 테살리아로 갔어. 테살리아에 도착하니 나라가 온통 축제 분위기인 거야. 페르세우스도 경기장에서 열리는 원반던지기에 참여했는데, 마침 청중석에서 있었던 할아버지가 페르세우스가 던진 원반에 맞아 세상을 떠나게 된 거야.

응, 그래, 진짜 예언이 실현된 거야.

그런데 말이야. 예언이 이뤄졌다는 데 포커스가 맞춰지면 두려움이 성장한단다. 생각해봐. 페르세우스가 왕을 죽였을까? 아니지, 아니야! 왕은 자기 두려움 때문에 무너진 거야. 내가 두려워하는 거, 우린 거기서 무너지는 거야.

융이 그런 얘기를 했어. 내가 가장 두려워하는 것, 그것이 다음의 성장점이라고. 네가 두려워하는 게 뭐야? 방어자세를 취하게 되는 그 두려움은 할아버지의 두려움처럼 근거가 없는 것인지도 몰라. 내가 두려워하는 걸 꺼내볼 필요가 있어. 그렇지 않으면 두려움에 사로잡혀 스스로를 망치게 되지. 두려워하는 것을 꺼내서 봐야 해. 그렇게 되면 그 속에 다음의 성장점이 있어.

긴 시간 영웅 페르세우스 이야기를 했는데, 영웅이 뭔지 아니? 영웅이란 무너진 그 자리에서 다시 시작하는 존재란다.

고독, 프로메테우스의 시간

고독이 화두입니다. 시대의 화두가 되었습니다. 고독이 화두가 된 책들이 줄줄이 나오고 있습니다. 『혼자 있는 시간의 힘』『가끔은 격하게 외로워야 한다』『나는 단순하게 살기로 했다』『부러지지 않는 마음』『내 안에서 나를 만드는 것들』등 베스트셀러의 공통점은 '고독'입니다. 나까지 『나를 만나는 시간』을 내면서 그 행렬에 합류했습니다. 도대체 현대인들의 고독 속에는 무엇이 들어 있을까요?

고독하다는 건, 현대인이 고독하다는 건 혼자 있고 싶다는 것이 아니라 벗어나고 싶다는 뜻이겠습니다. 촘촘하게 잘 짜여 있어 생각할 필요도 없이 스스로 굴러가지만, 생각을 허용치 않을 정도로 '나'를 옴짝딜싹 하지 못하게 하는 감옥 같은 삶에서, 그 삶을 물들이고 있는 경쟁 혹은 싸움에서. 질시 혹은 분노로 가득한 전쟁 같은 삶으로부터 도망치고 싶은 거, 아닐까요?.

어쩌면 그런 삶에서 나도 모르는 사이 위축되어 있는 나 자신을 돌보기 위해 진짜 고독이 필요하겠습니다. 당신은 진짜 고독의 힘을 아십니까. 로드 맥퀸이 읊조리듯 부른 노래 중에 「고독은 나의 집」이라는 노래가 있습니다.

"고독은 나의 집, 그러나 나는 외롭지 않네……."

그 노래를 듣다보면 고독으로 힘이 붙은 음유시인의 향기를 느낍니다. 고독의 집에서 자기 운명을 받아들이는 힘을 얻고 인연을 긍정하는 힘을 얻은 자의 그리움 같은 것!

그렇게 고독을 사랑하는 사람, '나'를 만나는 시간으로 힘이 붙은 사람은 고독하고 싶다고 노래를 부르지 않습니다. 고독하고 싶다고 투정하는 건 고독할 줄 모르는 것입니다. 그것은 함께 살아야 하는 세상에서 함께 살기 싫다는 것이고, 상처 받았다는 것입니다.

루카 조르다노, 「프로메테우스」, 1660년경, 부다페스트, 부다페스트 국립 박물관

현대인들은 상처가 많아서 의외로 자신을 과소평가하는 데 익숙합니다. '나'는 내가 아는 것보다 괜찮은 사람이라는 것을 잊고 있습니다. 아무래도 고단한 세상살이 때문입니다. 공부 좀 해라, 엄마 친구 딸은……, 그렇게 놀다간……, 점수가 이게 뭐냐, 이렇게 우리는 어렸을 적부터 숱하게 비교당하고, 평가당했습니다.

그렇게 지적질 당하는 사이 상처 입은 자존감이 회복될 틈도 없이 약육강식의 세상으로 내던져져 열정만큼 다치고 꿈만큼 짓밟히고 나면, 남는 것은 후회와 체념, 쌓이는 것은 불안과 두려움입니다. 게다가 또 보이는 것은 화면뿐이라 엄청난 성공을 일군 또래의 인생들을 보고 또 보다 보면 힘이 쭉 빠집니다. 이름도 없고 내세울 것도 없는 평범한 '나'의 인생이 초라해 보일 밖에 없습니다.

더구나 평생 고용이 사라진 시대지요? 3포 세대, 7포세대를 거쳐 마침내 n포세대에 이른 시대의 핵심은 '미생'입니다. 기업은 미생으로 굴러가면서 얄밉게도 미생을 완생으로 만들어주는 노력은 하지 않습니다. 그런 시대에 미생으로 살다 보면 여기저기서 밟히게 되어 있습니다. 내가 속한 조직은 내 꿈을 실현할 장이 아니라 내 의욕을 꺾고 내 길을 막고 서있는 장애물입니다. 그러니 도망가고 싶다, 차라리 혼자 있고 싶다는 노래가 일상의 독백이 된 것입니다.

그럼 점에서 현대는 다이달로스의 미궁입니다. 기술의 끝판왕이긴 하나 숨이 막히고, 스스로 완벽을 주장하는 만큼 인간적이지도 자연적이지 않는 위압적인 구조입니다. 빠져나올 수도 없고 버릴 수도 없는 생존의 틀! 목숨 부지하기 위해 애를 쓰는 미생들에게는 그만큼 위협적이기까지 해서 그렇게 목숨부지하고 사는 것도 다행이라 믿게 만드는 이상한 틀인 겁니다.

현대의 갑은 그 미궁의 염라대왕 격인 미노타우로스며, 현대의 을은 그 미궁에 갇힌 제물입니다. 그러니 미궁 속 미노타우로스로부터 도망가고 싶은 사람의 고독은 고독이라기보다 두려움 혹은 막막함이고, 미노타우로스의 고독은 고립이겠습니다.

문제가 있는 곳에는 답이 있습니다. 문제에 짓눌려 답을 찾지 못할 뿐. 이 미궁을 벗어나야 하는 우리 속에는 아리아드네의 실을 풀며 스스로 미궁으로 걸어 들어온 영웅 테세우스가 있습니다. 무엇이 테세우스의 아리아드네의 실일까요? 나는 그 실마리가 '고독'이라고 생각합니다. 고독의 시간은 홀로 코카서스 산 절벽을 견디는 프로메테우스의 시간입니다.

제우스의 벼락에서 혹은 헤파이스토스의 대장간에서 불씨를 훔쳐 인간에게 전해준 죄로 프로메테우스는 코카서스 산 절벽에 묶였습니다. 제우스가 프로메테우스에게 죄를 물은 거지요. 프로메테우스는 심연이 아득하기만 한 절체절명의 절벽에 묶여 옴짝달싹하지 못하게 되고, 그런 그에게 제우스의 신조 독수리가 날아와 그의 간을 겨냥합니다. 프로메테우스는 매일 제우스의 독수리에게 간을 뜯깁니다. 하루 종일 뜯긴 간은 밤새 다시 살아나고, 싱싱해진 간은 다음 날 또 독수리의 먹이가 됩니다. 프로메테우스는 무려 3,000년 동안 그렇게 지냈습니다. 100년 동안의 고독이 아니라 3,000년 동안의 고독입니다.

고대 예언자들은 짐승들의 간을 보고 점을 쳤다고 합니다. 모두 모두 연결되어 있는 세상에서 공동체에, 세상에 어떤 일들이 일어날 지를 알리는 징조가 간 속에 있었습니다. 그만큼 간은 영혼의 장기였습니다. 그 간을 내준다는 것은 생명을 내준다는 것이겠습니다. 프로메테우스는 인간에게 자기를 던져 불을 전한 것입니다.

알다시피 프로메테우스는 '미리 아는 자'라는 뜻입니다. 그 프로메테우스가 인간에게 불을 전하는 일이 얼마나 혹독한 대가를 치러야 하는 일인지 모를 리 없었을 겁니다. 그 대가가 3천 년 동안의 고독이었으니. 그럼에도 그가 모든 위험을 감수하고 인간에게 불을 전한 것은? 그것이 사랑이 아니면 무엇이 사랑일까요?

프로메테우스는 자기 형상을 따라 인간을 만들었습니다. 자기와 닮은 존재를 만들었다는 것은 자기 자신을 보고 알고, 자기 자신에 귀 기울였다는 뜻이지요? 대부분의 인간은 자신을 보지 않고 자기 바깥세상만을 봅니다. 바깥세상에 끌려만 다니니 우왕좌왕이나 좌충우돌이 일상이고, 자신을 보지 않고 자신에 귀 기울이지 않으니 자존감이 생길 리 없습니다.

자기 형상을 따라 인간을 만드는 프로메테우스는 인간에게 필요한 것이 무엇인지 알았습니다. 그것은 불이었습니다. 생명의 불이었습니다. 불은 생명이었습니다. 신화를 사랑하는 독일의 시인 구스타프 슈바브가 말합니다. 프로메테우스는 땅에 하늘의 씨가 잠들어 있다는 것을 알았다고. 그 하늘의 씨를 보살피기 위해 프로메테우스는 하늘의 불씨를 훔쳐 인간을 주고 후회 없이 미련 없이 코카소스 산의 절벽을 고독하게 견딘 겁니다.

사랑하는 자는 후회하지 않습니다. 사랑하는 자에게는 희망이 있습니다. 독수리에게 매일 당하면서도. 아니, 오히려 독수리에게

바뷔렌, 「벌컨에 의해 사슬에 묶이는 프로메테우스」, 1623, 암스테르담, 암스테르담 국립 미술관

쪼이고 먹힌 간이 매일 밤 부활하여 그에게 힘을 주는 겁니다. 프로메테우스의 밤, 그의 고독이고 고독의 힘입니다.

자기 행동을 후회하지 않는 프로메테우스는 제우스에게 빌지 않고 구걸하지 않고 제우스를 탓하지도 않습니다. 그런 그는 자신의 운명에 대해서도 한탄하지 않습니다.

남을 탓하거나 비난하는 사람들이 많습니다. 어느 한 순간, 어느 한 시기에만 그런 것이 아니라 남 탓하고 비난하는 일이 일상이 되고 성격이 된 사람들이 있습니다. 제대로 살아지지 않는 삶에 대한 미련과 억울함이 그를 휘어 감고 있는 거지요. 분노와 미련에 시달리는 그는 그 자신을 받아들이지 못하기 때문에 한탄 아니면 남 탓을 하는 겁니다. 고독할 줄 모르는 그는 외로움에도 시달립니다. 그런 사람 주변에는 그 사람에 기대서 살아갈 수밖에 없는 주눅 든 하인 하녀들이거나 폭탄 같은 그와 싸우지도 못하고 그를 버리지 못하는 착한 가족들뿐입니다. 문제는 그가 그자신을 받아들이고 있지 못한다는 데 있습니다.

자신을 받아들이는 사람은 프로메테우스처럼 극단적인 상황에서도 한탄하지 않고 남 탓 하지 않습니다. 고독이 '나'의 집인 사람은 자신의 가치를 타인의 시선 위에 세우지 않습니다. 다른 사람이 인정해주는 것을 기분 좋게 받아들일 줄 알지만 인정해주지 않더라도 애석해하지 않으며 자기 길을 갈 줄 압니다. 남들이 이룩한 성취에 대해 존중하고 축복해줄 줄 알지만 그것을 이루지 못한 사람이라고 무시하지 않습니다. 무엇보다도 그는 존재 자체를 사랑할 줄 알고 축복할 줄 압니다.

누구보다도 자기 자신의 목소리에 귀 기울인 니체는 델포이 격언 "너 자신을 알라"를 들어 그리스인들의 가장 높은 긍지는 자기 자신의 탐색과 탐구라고 했습니다. 니체가 안타까워 한 것은 우리가 우리 자신을 너무 모른다는 것이었습니다. 자신을 탐구하고 탐색하기 위해 니체가 『차라투스트라는 이렇게 말했다』에서 권하고 있는 것이 바로 '고독'이었습니다.

"벗이여, 너의 고독 속으로 달아나라. 너는 독파리떼에 물려 상처투성이가 되어 있지 않은가. 달아나라. 사납고 거센 바람이 부는 곳으로!

너의 고독 속으로 달아나라! 너는 하찮은 자들과 가엾은 자들을 너무 가까이에 두고 있다. 저들의 눈에 보이지 않는 앙갚음에서 벗어나라! 저들이 네게 일삼는 것은 앙갚음뿐

페터 파울 루벤스·프란스 스니데르스, 「바위에 사슬로 묶인 프로메테우스」,
1611~1612, 필라델피아, 필라델피아 미술 박물관

이니.

……벗이여, 너의 고독 속으로 달아나라. 사납고 거센 바람
이 부는 곳으로! 파리채가 되는 것, 그것은 네가 할 일이
아니다!"

사납고 거센 바람이 부는 곳은 광야지요? 광야는 시끌벅적한
곳이 아니라 사나운 곳이고 위험한 곳이며 무엇보다도 고독한 곳
입니다. 고독한 광야와 대비되는 시끌벅적한 곳은 장터겠지요?
니체에 따르면 장터는 "성대하게 차려입고 요란을 떠는 어릿광대
로 가득"한 곳입니다. 그 장터에서는 '자기성찰'이라는 위대한 일
은 일어나지 않습니다. 창조하려 하는 자는 홀로 거센 바람이 부
는 광야의 고독 속으로 들어가야 합니다.

사람을 아끼지 않고, 실적이 미미하면 폐기처분하는 사회, 일등
만 기억하는 더러운 사회, 모두들 돈 버는 기계로 내모나 제대로
돈도 벌지 못하게 만드는 사회를 살아가야 하는 우리에겐 나 자
신에 귀를 기울이는 니체의 광야, 성자의 동굴이 필요합니다. 피
곤하면 쉬어야 하고 울고 싶으면 울어야 합니다.

진짜로 고독이 '나'의 집이 된 사람, 고독 속에서 편안해진 사람

은 누군가에게 자기 삶을 인정받으려 애쓰지 않습니다. 그는 세상은 서로서로 연결되어 있다는 것을 알지만 자기 존재가 누군가가 자리를 허락해줘야 자리가 생기는 하인이나 하녀가 아님을 알고 있습니다. 나는 나이며 나인 채로 좋은 거지요. 그러니 다른 사람의 판단이나 다른 사람의 시선을 굳이 의식해야 할 이유가 없습니다. 그는 알고 있습니다. 늘 자기 문제로 골똘한 그들도 의외로 그에게 관심이 없다는 사실을. 그런 그들이 한 마디, 두 마디 한 것을 마음에 품고 상처를 받을 필요는 없습니다.

어쩌면 다람쥐 쳇바퀴 굴리듯 굴러가는 세상을 극복하는 아리아드네의 실은 단순하게 사는 것이 아닐까요. 화장을 지우고 넥타이를 푸는 시간을 늘리고, 원하는 것을 찾아가는 시간을 늘리고, 가까운 가족이나 친구의 말과 행동을 이해하는 시간을 늘려보지요.

그러기 위해서는 무엇보다도 나를 이해하고 사랑해야 합니다. '나'에게, 아무것도 안 할 수 있는 시간, 아무것도 안 해도 좋은 공간을 허락해야 합니다. 내 답답함을, 나의 외로움을, 내 상처를 그대로 느낄 수 있는 자기만의 시간이 있어야 합니다. 내 두려움에 사로잡혀 삶의 실타래를 엉망으로 만들지 않도록! 그 실타래야 말로 미궁에서 살아나올 수 있는 실마리입니다.

시간이 없다고 합니다. 현대인은. 바쁘다는 말이 일상이 되었습니다. 우선 TV 보는 시간, 스마트폰을 들여다보는 시간을 반으로, 그 이상으로 줄여보시지요. 의외로 '나'를 위한 시간이 있습니다. 무엇보다도 산책할 시간을 만들어보시지요. 가까운 공원을 걸어도 좋고 이방인의 심정으로 골목길을 걸어도 좋습니다. 산책이 좋은 것은 나만의 시간, 나만의 공간을 만드는 징검다리이기 때문입니다.

걷다보면 머리가 시원해집니다. 현대인은 생각이 많습니다. 생각에 끌려다니고 논리에 끌려다니고, 편견에 끌려다니는 것이 지성인 줄 압니다.

아닙니다. 혼자 골똘히 생각하는 건 자기 편견의 감옥을 공고히 하는 겁니다. 그 머리를 비워야 몸에 힘이 생기고 머리를 비울 줄 알아야 머리도 힘이 생깁니다.

2016년 10월

이주향

감사드립니다.

어느 날 경향신문 박구재 기자가 찾아와 '연재'를 제안했습니다. 연재가 좋은 것은 시간을 흘려보낼 수 없기 때문입니다. 이 책 제1부와 제2부는 「경향신문」에 '이주향의 신화, 내 마음의 별'에 연재했던 것입니다. 박구재 기자와의 인연에 감사드립니다.

이주향 李柱香

이화여자대학교에서 법학을 공부했다. 대학에 들어와서 철학에 빠져들었고, 이후 전공을 바꿔 같은 학교 같은 대학원 철학과에서 공부하며 석·박사학위를 받았다. 이후 수원대학교 교양대학 교수로 있으면서 어렵고 난해한 철학 강의를 명쾌하고 재미있게 풀어내 대학생들 사이에서 큰 인기를 얻고 있다. 특히 모교 강사 시절 강의했던 〈문화와 사상〉과 〈현대 문화의 조류〉는 늘 수강생이 몰려들어, 800명이 수강 신청을 하는 기록을 세우기도 했다. 텔레비전과 라디오, 신문 등 다양한 매체에서 대중에게 철학을 안내하는 활동도 활발하게 하고 있다. EBS 〈철학 에세이〉, KBS 제1라디오 〈이주향의 책마을 산책〉 〈이주향의 인문학 산책〉 등의 프로그램을 진행하면서 현대사회가 직면한 화두를 일반인의 눈높이에서 풀어내 시청자들로부터 많은 호응을 얻고 있다.

젊은 날, 기독교에 경도되었을 때에는 왜 르네상스가 그리스 정신을 부활하고자 했는지, 이탈리아가 그리스 정신에 열광했는지를 이해할 수 없었다. 하지만 나이가 들고 신앙의 경직성이 풀리고 나서부터는 올림포스의 신들이 달리 보이기 시작했다. 신적인 능력과 신비뿐 아니라 욕망과 질투, 분노와 고통이 범벅이 되어서 빚어내는 이야기들이 마음속으로 쑤욱 흘러들어오기 시작했던 것이다. 『그리스 신화, 내 마음의 12별』은 이런 치열한 삶의 이야기를 만들어내는 심연이, 우리 인간 내면에 들어 있음을 깨달았을 때부터 구상해온 책이다. '그리스 신화'를 시작으로 북유럽 신화, 메소포타미아 신화, 제주신화에 이르기까지, 앞으로 인간 삶의 원형이 되는 '신화'를 연작으로 집필할 계획이다.

저서로는 『나를 만나는 시간』 『그림 너머 그대에게』 『사랑이, 내게로 왔다』 『이주향의 치유하는 책읽기』 등이 있다.

그리스 신화, 내 마음의 12별

인간을 이해하기 위한 키워드 열둘

| 펴낸날 | **초판 1쇄**   **2016년 10월 31일** |
| | **초판 4쇄**   **2018년 2월 9일** |

지은이	**이주향**
펴낸이	**심만수**
펴낸곳	**(주)살림출판사**
출판등록	**1989년 11월 1일 제9-210호**

주소	**경기도 파주시 광인사길 30**
전화	**031-955-1350** 팩스 **031-624-1356**
홈페이지	**http://www.sallimbooks.com**
이메일	**book@sallimbooks.com**

| ISBN | **978-89-522-3530-5**   **03100** |

※ 값은 뒤표지에 있습니다.
※ 잘못 만들어진 책은 구입하신 서점에서 바꾸어 드립니다.

이 도서의 국립중앙도서관 출판시도서목록(CIP)은 서지정보유통지원시스템 홈페이지
(http://seoji.nl.go.kr)와 국가자료공동목록시스템(http://www.nl.go.kr/kolisnet)에서
이용하실 수 있습니다.(CIP제어번호: CIP2016025797)

기획·책임편집·교정교열 **서상미**